Tons de Clô

CARLOS MINUANO

Tons de Clô

1ª edição

RIO DE JANEIRO | 2017

CIP-BRASIL. CATALOGAÇÃO NA PUBLICAÇÃO
SINDICATO NACIONAL DOS EDITORES DE LIVROS, RJ

Minuano, Carlos
M628t   Tons de Clô / Carlos Minuano. - 1. ed. - Rio de Janeiro: Best*Seller*, 2017.
il.

ISBN: 978-85-465-0069-7

1. Hernandes, Clodovil, 1937-2009. 2. Estilistas (Moda) - Brasil - Biografia. I. Título.

17-45243   CDD: 927.4692
                                            CDU: 929:391

Texto revisado segundo o novo Acordo Ortográfico da Língua Portuguesa.

TONS DE CLÔ
Copyright © 2017 by Carlos Minuano

Design de capa: Victor Mayrinck
Editoração eletrônica: Abreu's System
Imagem de capa: Jairo Goldflus
Pesquisa: Juliana Peccinini, Eduardo Fahl e Paula Nogueira

Todos os direitos reservados. Proibida a reprodução, no todo ou em parte, sem autorização prévia por escrito da editora, sejam quais forem os meios empregados.

Todos os esforços foram feitos para localizar os fotógrafos das imagens reproduzidas neste livro. A editora compromete-se a dar os devidos créditos numa próxima edição, caso os autores as reconheçam e possam provar sua autoria. Nossa intenção é divulgar o material iconográfico de maneira a ilustrar as ideias aqui publicadas, sem qualquer intuito de violar direitos de terceiros.

Direitos exclusivos de publicação em língua portuguesa para o mundo
adquiridos pela
EDITORA BEST SELLER LTDA.
Rua Argentina, 171, parte, São Cristóvão
Rio de Janeiro, RJ – 20921-380
que se reserva a propriedade literária desta obra.

Impresso no Brasil

ISBN 978-85-465-0069-7

Seja um leitor preferencial Record.
Cadastre-se e receba informações sobre nossos lançamentos e nossas promoções.

Atendimento e venda direta ao leitor
mdireto@record.com.br ou (21) 2585-2002.

SUMÁRIO

APRESENTAÇÃO 7
INTRODUÇÃO: Glamour à brasileira 13
CAPÍTULO 1: O patinho feio virou Jacques Fath 17
CAPÍTULO 2: A descoberta da homossexualidade 25
CAPÍTULO 3: Agulha de ouro na Era do Rádio 29
CAPÍTULO 4: Gênio asmático *versus* Nega Vina 37
CAPÍTULO 5: Alta-costura, *prêt-à-porter* e a revolta das tesouras 51
CAPÍTULO 6: Censura, fama e celeumas na TV 69
CAPÍTULO 7: Fogueira das vaidades 81
CAPÍTULO 8: Audiência, falta de paciência e mais uma demissão conturbada 87
CAPÍTULO 9: "Tirem esse viado do ar!" 91
CAPÍTULO 10: Mais encrencas na TV e flerte com a Globo 97
CAPÍTULO 11: Confusões, processos e Ofrásia 101
CAPÍTULO 12: Pânico na RedeTV 109
CAPÍTULO 13: Volta, Clô! 117
CAPÍTULO 14: Flerte com a política 125
CAPÍTULO 15: Todos contra Clodovil 133

CAPÍTULO 16: Política estilo Clodovil 139
CAPÍTULO 17: Os garotos de Clodovil 143
CAPÍTULO 18: A polêmica mansão no litoral 153
CAPÍTULO 19: Quem matou Clodovil Hernandes? 165
CAPÍTULO 20: A história que não terminou 181

REFERÊNCIAS **187**
AGRADECIMENTOS **193**

APRESENTAÇÃO

Não sou especialista em moda. Nem fã de Clodovil Hernandes. Então, por que escrever uma biografia sobre ele? Boa pergunta, caro leitor. Uma possível resposta, e a primeira que sempre me vem à mente, é que tenha sido obra do acaso. Por outro lado, a tarefa me lançou numa pesquisa que durou bem mais do que o planejado e que se revelou bem mais complicada do que parecia de início.

A história deste livro começou no final de 2012, quando, pautado pela editoria de entretenimento do *UOL*, fui a Ubatuba cobrir a inauguração de um espaço em homenagem ao estilista, apresentador e político, falecido em 2009, que morou na bela cidade do litoral de São Paulo.

Logo na entrada, um manequim exibia um vestido da década de 1970 em tafetá bordado com pedras semipreciosas e fios de ouro. Uma etiqueta indicava o autor da peça: Clodovil Hernandes. "Um luxo!", diria o estilista. Nem tanto.

O memorial, organizado por um ex-assessor, reunia apenas algumas dezenas de objetos e mobílias da luxuosa e gigantesca mansão que ele tinha na região. Entre as peças, louças personalizadas com o brasão de Clodovil, uma enorme mesa em estilo japonês, um conjunto de pratos da Indonésia e até taças de cristal presenteadas por Grande Otelo. Mas, no total, nada além de trinta peças minguadas.

Hoje, nem o minúsculo espaço sediado em um hotel da região existe mais. É lamentável, considerando a trajetória meteórica do singular estilista. Na época de minha viagem à cidade, a mansão de Clodovil, com mais de trinta cômodos e que ostentava uma decoração milionária, estava vazia.

Desde o início, Clodovil foi protagonista de uma história ímpar. Do sucesso como estilista na década de 1970 ao mandato como deputado federal, passando pela não menos brilhante carreira na TV, com participações também no cinema e teatro, ele costurou, como ninguém, uma extensa teia de polêmicas e controvérsias de grosso calibre. Em resumo, uma vida de contrastes, mas sempre transbordada de luxo, glamour e celebridades.

Enredada à sua história, uma extensa lista de famosos. Nomes como o de Marília Gabriela e Marta Suplicy, com quem dividiu o comando do antológico programa feminino *TV mulher*, na Globo, e do qual pediu demissão por desentendimentos com as colegas de trabalho.

O circuito de afetos e desafetos de Clodovil é mais um desfile de celebridades, que são fontes essenciais na história do estilista. Adriane Galisteu, Luciana Gimenez, entre tantas outras, tiveram atritos com o estilista. Mas ele também foi querido de

APRESENTAÇÃO

outros gigantes midiáticos, como Faustão e Silvio Santos. Ambos, porém, se recusaram a falar para esta biografia.

O global Fausto Silva, por meio de sua assessoria, simplesmente agradeceu e recusou o convite. Já o incomparável Silvio Santos fez diferente. Também por meio de assessores, resolveu se explicar de modo um tanto singular, para dizer o mínimo: "Numa das minhas viagens à cidade de Nova Jersey, entrei na loja de uma famosa vidente que previu a derrota do Brasil por 7 a 1 contra a Alemanha. Essa mesma vidente, conhecida internacionalmente pelos acertos que tem, me disse que se eu fizer um filme, entrevista ou livro contando minha biografia, no dia seguinte infelizmente não acordarei, estarei morto. Por acreditar nessa famosa vidente, e por ser supersticioso, cumpro integralmente essa previsão. Não pretendo amanhecer defunto."

Voltando a também singular história deste livro, no começo de 2013, outra vez pautado pelo *UOL*, retornei a Ubatuba, dessa vez para um especial de verão sobre cinema. A cidade — menina dos olhos de diretores — já foi set de novelas, filmes e seriados. Por lá, encontrei outra vez vários amigos de Clodovil, incluindo um assessor, que me apresentou uma proposta. Ele procurava alguém da imprensa que o ajudasse a escrever e vender a uma produtora de TV o projeto de uma minissérie sobre o célebre estilista. O que ele queria, entretanto, era contar as "histórias picantes" de seu ex-patrão. Homossexual assumido, Clodovil ficou conhecido também por seu apetite sexual e suas aventuras não tão glamorosas.

Desse encontro nasceu a ideia de escrever um livro sobre o polêmico costureiro e político. Falei a respeito com um amigo, o jornalista Guilherme Fiuza, autor de *Meu nome não é Johnny*, que logo se tornou um entusiasta da ideia e, de certa forma, padrinho do projeto. Dessas conversas, avançou a proposta de fazer algo mais completo do que um passeio divertido pela vida íntima de Clodovil.

Afinal, Clodovil merece mais do que ter reveladas suas aventuras sexuais. Com duas décadas dedicadas ao ofício da reportagem nos mais diversos veículos, desenvolvi um certo faro para boas histórias. E estava certo de que tinha em meu caminho um personagem incrível. A vida do estilista está entrelaçada a partes importantes do início da história da moda brasileira, mas também da mídia e da política do país ao longo das últimas cinco décadas. Mas a tarefa não foi nada fácil.

Para contar a história de Clodovil seria necessário mergulhar nas transformações pelas quais a moda passou, antes e depois do polêmico estilista, bem como em seu legado nos dias atuais. O mesmo vale para sua passagem pela mídia, que conta parte da saga da televisão tupiniquim. Caso do pioneiro programa *TV mulher*, que em plena ditadura tratou de assuntos como o orgasmo feminino. Isso sem citar os "arranca-rabos" parlamentares na fase política.

Entretanto, foi apurando sobre o período após sua morte que novos elementos surgiram, complicando um tanto a conclusão do livro, que pensei, por várias vezes, que nunca chegaria. Boatos de que ele teria sido assassinado foram só a ponta de algo bem mais espinhoso, e mais plausível, que as teorias conspiratórias que circularam na mídia.

Informações de fraudes, desvios de dinheiro e até recebimento de mensalão por parte de ex-assessores chegaram ao meu conhecimento, vazadas por pessoas que conviveram ou

APRESENTAÇÃO

trabalharam com ele. Muitos, porém, pediram para não terem seus nomes revelados, outros, de repente, e misteriosamente, mudaram de ideia, sem falar nos que simplesmente desapareceram.

Outra surpresa foi a recusa do ex-assessor Maurício Petiz em conceder uma entrevista. Ele é fundador e presidente do ICH (Instituto Clodovil Hernandes), uma ONG virtual sem sede física, que tem por papel essencial preservar a memória do estilista, apresentador e político.

Foi em nome desse instituto que ele se tornou receptor de uma generosa quantidade de doações de peças valiosas. Petiz se recusou a dar uma entrevista para este livro, alegando estar impossibilitado por um contrato de uma minissérie sobre o Clodovil. Pelas mesmas razões contratuais, ele também não atendeu às solicitações de acesso ao acervo, que em tese deveria estar à disposição do público. Segundo ele, até algumas exposições de vestidos e croquis do estilista foram realizados com autorização da produtora. A tal empresa não atendeu as diversas tentativas de contato. A advogada inventariante, Maria Hebe, também se negou a prestar qualquer informação, alegando impedimento judicial.

Mas não faltaram também colaborações e apoio, de amigos de Clodovil, como Amaury Jr., Sonia Abrão, Vida Vlatt, Ronaldo Ésper e tantos outros, que me ajudaram e entender que as dificuldades de certo modo eram sinais sobre a importância da missão deste livro: contar a história desse personagem tão intenso quanto único. De modo decente e honesto. Espero ter conseguido.

Carlos Minuano

INTRODUÇÃO

GLAMOUR À BRASILEIRA

O Brasil hoje é o país com o maior número de escolas de moda do planeta. Muito antes de elas existirem, porém, estilistas autodidatas começaram a tecer a curiosa história da alta-costura no país. E ganharam os holofotes não apenas pelas suas criações, mas também pelo seu perfil singular, uma galeria exótica, composta por tipos tão curiosos quanto distintos.

A lista tem nomes como o do estilista Ronaldo Ésper, que, além do talento para a moda, já foi flagrado tentando furtar vasos de um cemitério. Mas poderia incluir outros menos prováveis, como o do cangaceiro conhecido como Lampião. Sim. Entre cabeças cortadas e tiroteios sangrentos, ele costumava relaxar costurando os impecáveis uniformes de seus jagunços em uma maquininha de costura Singer.

Mas os pioneiros da moda brasileira foram outros. Entre eles, destacam-se os costureiros Dener Pamplona, Matteo Amalfi e o mais popular daquela geração, Clodovil Hernandes — quanto a este último, a reputação começou por conta das invenções na moda e se consolidou pelo estilo e comportamento peculiares, para dizer o mínimo.

No fim da vida, os arremates foram no campo da política. Em Brasília, o estilista atuou durante alguns anos em um ambiente bem diferente do universo cheio de tecidos e cores a que estava acostumado. Por lá, no mundinho da política, Clodovil deixou sua marca e manteve, nas aparições no plenário da Câmara, o mesmo estilo ácido que o tornou famoso. Antes mesmo de se eleger, durante a campanha, abusou dos bordões irônicos: "Vocês acham que eu sou passivo? Pisem no meu calo para ver..."

A estratégia deu certo. O costureiro se tornou o primeiro deputado federal assumidamente gay e o quarto mais votado do país em 2006. Seu gabinete virou, naturalmente, o mais luxuoso e cheio de estilo da Câmara depois de uma reforma que custou cerca de duzentos mil reais.

A personalidade de Clodovil e de seus pares não foi capaz de garantir uma identidade à brasileira. Parte da crítica especializada afirma que por aqui nada se cria.

Em compensação, criatividade nunca faltou, segundo o professor de moda Vagner Carvalheiro: "A moda no Brasil começou com donas de casa que compravam revistas e adaptavam os moldes às suas necessidades, escolhendo tecidos, mudando detalhes."

E foi mais ou menos nesse ponto que a alta-costura deu os primeiros sinais de vida por aqui. Isso em meados de 1950, no Rio de Janeiro, por caminhos atípicos e traços singulares, bem alinhada com seus futuros costureiros.

INTRODUÇÃO

Tudo começou com os desenhos do cartunista Alceu Penna na coluna "Garotas do Alceu Penna", publicada semanalmente na revista *O Cruzeiro* entre 1938 e 1964. "Mulheres copiavam os vestidos e até os cabelos", afirma Carvalheiro. Por acaso ou não, ele se tornou também o estilista por trás das saias multicoloridas, dos turbantes bizarros e dos tamancos de solas gigantescas usados pela cantora Carmen Miranda. "Não havia ainda essas profissões especializadas na moda", explica o professor.

Depois Madame Rosita (pseudônimo da uruguaia Rosa de Libman) começou a trazer modelos de vestidos parisienses a São Paulo. A pioneira da alta-costura tupiniquim teve um ateliê na rua Barão de Itapetininga, no centro da capital paulista, desde meados de 1930. Em 1963, ela se instalou no Conjunto Nacional, na avenida Paulista, com o nome de Maison Madame Rosita. No ano seguinte, se mudou para um imóvel próprio, um casarão que viria a ser demolido nos anos 1990.

No Rio de Janeiro, foi a Casa Canadá que se tornou o endereço da moda nos anos 1950. A boutique, criada pela estilista carioca, filha de italianos, Mena Fiala (na realidade Philomena Pagani Selleri), inspirada nas maisons francesas, vestiu celebridades como a então primeira-dama Sarah Kubitscheck para a inauguração de Brasília.

O *modus operandi* dos dois ateliês era praticamente o mesmo, conta Carvalheiro: "Elas compravam os modelos internacionais e traziam para modelistas fazerem cópias." E foi nesse contexto que surgiram os ícones do primeiro ciclo da moda brasileira: o trio Dener, Matteo e Clodovil. Com exceção do segundo, que fazia as próprias modelagens, os trabalhos seguiam os padrões de Paris.

Os três costureiros foram também protagonistas da chamada "guerra das tesouras", rivalidade que ganhou a mídia. Mais tarde, soube-se que as alfinetadas eram trocadas com o propósito de promover os estilistas.

A disputa pelo título de melhor costureiro do país teve como cenário o programa *A grande chance,* exibido todas as quintas-feiras durante a década de 1960 na Tupi, e apresentado por Flávio Cavalcanti. Esse embate fashion serviu como inspiração para a novela *Ti-ti-ti* (Rede Globo, 1985), de Cassiano Gabus Mendes, sucesso que ganhou um remake em 2010.

No caso específico de Clodovil, a guerra das tesouras foi apenas o primeiro imbróglio midiático de muitos. Afinal, sua vida seria um desfile de encrencas televisionadas. Sem a pretensão de ser uma biografia definitiva, *Tons de Clô* revisita essa passarela cheia de intrigas, e também de brilho e luxo, amizades e farpas, sexo e, óbvio, uma penca de escândalos.

Boa leitura.

CAPÍTULO 1

O PATINHO FEIO VIROU JACQUES FATH

"Eu nasci do sexo, não do amor."

Polêmico e escandaloso — dois adjetivos atribuídos com bastante frequência ao estilista brasileiro Clodovil Hernandes. Fama que ele fez por merecer. Intempestivo, arranjou encrencas, inimigos e muitos processos por onde passou. O que nem todos conhecem, porém, é a história de altos e baixos por trás da língua ferina do também apresentador de televisão, ator e deputado federal.

O sucesso que desfrutou entre socialites no auge da carreira como costureiro e, posteriormente, na TV e na política, veio como contraponto às frustrações da infância e da juventude humilde e complicada. Logo cedo, duas revelações sobre si mesmo marcariam para sempre a sua vida: soube que era adotado e se descobriu gay. Outro detalhe pouco conhecido que o desagradava era o verdadeiro nome de registro: Clodovir Hernandes. Erro do cartório, dizem.

Filho adotivo do casal Domingo Hernandes e Isabel Sanchez Hernandes, imigrantes da região da Andaluzia, na Espanha, o costureiro afirmava nada saber sobre seus pais biológicos. Em 2002, João Hernandes, irmão do pai de Clodovil, falou com a reportagem do quadro Arquivo Confidencial, do *Domingão do Faustão*, e disse que os pais adotivos de Clodovil não podiam ter filhos, mas queriam muito uma criança. "Eles cuidavam muito bem dele, davam tudo o que ele queria, mais do que se fosse um filho biológico." Há quem diga que os pais adotivos eram na realidade seus tios. Outro nome conhecido da moda, Ronaldo Ésper, que manteve uma relação de amor e ódio com Clodovil, diz que ele foi encontrado em um formigueiro. "Essa senhora o acolheu e ele foi educado por ela e seu marido", contou Ésper durante uma das entrevistas que concedeu para este livro. De fato, Clodovil afirmava "ter sido achado num fundo de quintal, jogado fora".

Não é tarefa simples reconstruir a trajetória de uma pessoa comum, e, no caso em questão, o trabalho se torna ainda mais complicado. Parentes da família adotiva não foram localizados e não há herdeiros. Dos poucos amigos, vários se negaram a dar entrevistas. Para piorar, existem bem poucas informações e fontes, sobretudo sobre a infância do famoso estilista.

Na reportagem do *Domingão do Faustão*, um amigo da família chamado Antonio Leão mostrou o lugar onde eles moravam quando Clodovil foi adotado. O acesso à fazenda, de nome Pitangueiras, é por uma estrada de terra.

Clodovil nasceu no dia 17 de junho de 1937 em Elisiário, pequena cidade do interior do estado de São Paulo, a quatrocentos quilômetros da capital paulista, com uma população, hoje em dia, de aproximadamente três mil habitantes. Logo que foi adotado, ainda bebê, a família se mudou para Catanduva, e dois anos depois para Floreal, na região de São José do Rio Preto. Lá, Domingo Hernandes, um camponês semianalfabeto, abriu uma loja de tecidos, e seria nesse estabelecimento que o futuro estilista teria seu primeiro contato com o crepe, o cetim, o algodão e outros tipos de tecido. Não demoraria para ele se encantar com tudo aquilo. Apesar disso, as primeiras lições de moda ele teve em casa, com a mãe adotiva, que costurava vestidos de noiva.

Embora afirmasse em entrevistas que a adoção não era um problema em sua vida, esse foi um aspecto determinante de sua formação. Segundo Clodovil relatou diversas vezes, Isabel o tinha rejeitado a princípio, porque o achara feio. Desde que soube disso, ainda criança, começou a sentir-se sempre como um patinho feio. Ainda assim, afirmava que se relacionava melhor com ela. Segundo o amigo de Clodovil, José Augusto de Souza, ela era uma pessoa de hábitos simples, mas de caráter forte.

O amigo da família Antonio Leão conta que Clodovil era um menino muito inteligente, alegre e que gostava de brincar. Apesar de alguns problemas familiares, usufruiu de uma educação privilegiada. No colégio interno de padres católicos que frequentou, em Monte Aprazível, a 49 quilômetros de Floreal, aprendeu francês e castelhano, idioma que ouvia em casa. De lá, saiu com um diploma de professor primário.

O diploma viraria motivo de piada mais tarde, porque, na época, nenhum homem cursava o magistério, comenta Ésper, que admite sempre ter feito coro ao bullying. Entre o início e meados do século XX, a única carreira bem aceita para as mulheres era a de professora. As que não queriam parar de estudar se formavam para dar aula nas escolas de educação infantil, isso, em geral, até se casarem. Por esse motivo, o curso ganhou o apelido de "espera marido".

A figura das normalistas, mocinhas educadas e delicadas, vestidas de camisa branca e saia azul, conquistou o imaginário masculino daqueles tempos. Ganhou páginas na literatura brasileira em *A normalista*, de Adolfo Caminha, e está eternizada na voz de Nélson Gonçalves. O cantor se derretia em versos que exaltavam o romantismo daquelas meninas.

> "Vestida de azul e branco
> Trazendo um sorriso franco
> No rostinho encantador
> Minha linda normalista
> Rapidamente conquista
> Meu coração sem amor..."

Normalistas à parte, o que fisgou mesmo Clodovil foi o mundo da moda. A beleza das roupas, o brilho dos tecidos e as cores dos aviamentos faziam seus olhos brilharem mais do que as cartilhas que lhe foram destinadas como profissão. E da família vieram as primeiras clientes. Mãe, tias e primas pediam palpites no vestuário, e ele dava, sem que o pai soubesse. O reconhecimento da habilidade não demoraria a chegar.

A alta-costura vivia um grande momento na Europa quando o jovem Clodovil começou a flertar com o mundo da moda. Em 1953, aos 16 anos, desafiado por colegas do colégio interno católico, desenhou de uma tacada só onze modelos de vestidos de festa. A coleção foi criada na brincadeira em folhas de caderno.

Seis desses croquis foram vendidos para uma loja em São Paulo, o que rendeu ao menino o apelido de Jacques Fath, estilista francês famoso na época. Um padre começou a chamá-lo assim, e foi a primeira vez que Clodovil sentiu o gosto da fama. Pelos desenhos recebeu bem mais que a mesada que seu pai lhe dava. A venda dos primeiros modelos indicou ainda que aquele interesse pessoal podia se tornar uma profissão e, melhor que isso, torná-lo rico e respeitado. Foi então que o garoto começou a cogitar se dedicar inteiramente à moda.

Em 1956, os pais de Clodovil se mudaram para Mandaguari, no norte do Paraná, que vivia na época uma fase de glória, e era vista como uma terra de oportunidades. Lá eles se instalaram em uma propriedade rural e começaram a cultivar café, carro-chefe da economia local.

O talento de Clodovil para desenhar vestidos rapidamente ficou conhecido na região. A fama foi tanta que, um ano depois da mudança, com apenas 18 anos, ele foi convidado pela direção do Colégio Estadual Vera Cruz para trabalhar como professor de desenho na instituição.

Ele topou o cargo, e ficou por lá dois anos. Apesar do trabalho de professor, ele era procurado com frequência para criar modelos de roupas para moças e senhoras do circuito mais endinheirado da cidade. Com o volume crescente do assédio não demorou para Clodovil ver surgir a chance de realizar seu primeiro desfile.

E a ideia nem foi dele. Partiu de um grupo de estudantes, que se mobilizou para conseguir dinheiro para organizar o evento. Apesar de jovem, Clodovil encarou. Criou os modelos, escolheu os tecidos e até confeccionou as roupas. A passarela foi montada no salão do aeroporto da cidade.

O sucesso do desfile elevou ainda mais a procura pelos serviços de Clodovil. Porém, mais importante do que isso, colocou seu talento em evidência, para a cidade e para ele próprio, que sentia cada vez mais vontade de se mandar dali e mergulhar de vez no mundo da moda.

O talento era inegável, mas a pindaíba também. Clodovil não tinha recursos para custear uma viagem para São Paulo e menos ainda para sua permanência na capital paulista até encontrar trabalho na área.

A sorte do jovem estilista foi que o então prefeito Hélio Duarte Dias acreditava no potencial do rapaz e decidiu bancar as despesas, pagou a passagem de avião e forneceu recursos para que Clodovil pudesse se manter durante os primeiros meses na cidade grande.

A infância de Clodovil foi marcada por uma terrível crise econômica que, no Brasil e no mundo, contrastava com a moda da época, feita para refletir o glamour das grandes divas hollywoodianas: Greta Garbo, Mae West, Jean Harlow e outras.

Ele era uma criança ainda quando o mundo foi abalado pela Segunda Guerra Mundial, período duro e difícil que, além dos danos profundos, transformou radicalmente a maneira de se vestir. Após o esperado fim do conflito, abriu-se caminho para uma passarela de luxo e sofisticação, ambiente que exerceria forte influência sobre Clodovil.

Hoje, a moda está ao alcance de um clique, sem falar nas muitas escolas e nos cursos espalhados pelo país, mas na metade do século XX a realidade no Brasil era bem diferente. Copiar as ideias de estilistas estrangeiros — principalmente franceses — era a escolha mais comum, ou possivelmente a única.

O propósito era estudar filosofia, mas a paixão pelo desenho falou mais alto. Logo, o jovem estilista começaria a vender seus esboços para butiques e a trabalhar em lojas como Scarlett e La Signorinella. Com seu gosto pelo clássico e sua desenvoltura com artigos de luxo, traduziu a alta-costura francesa ao seu estilo e começou a conquistar clientes. Não demorou para que as socialites disputassem a tapa suas criações ricas em rendas e bordados. Em 1962, Clodovil abriu um ateliê na sofisticada rua Oscar Freire, uma das áreas mais nobres de São Paulo, até hoje reduto do comércio fashion.

Na década de 1960, Clodovil conquistou os primeiros prêmios importantes: a Agulha de Ouro foi obtida com um *tailleur* (conjunto criado pela estilista francesa Coco Chanel na década de 1950, contendo casaco e saia) em tecido listrado cinza e branco, complementado por uma camisa branca. A criação foi inspirada nos trajes de George Sand, pseudônimo da escritora francesa Aurore Dupin, pioneira na defesa da emancipação feminina que costumava usar roupas masculinas. No ano seguinte, o costureiro levou a Agulha de Platina. Ambos os prêmios tinham relevância nacional, e eram concedidos pela Casa Matarazzo-Boussac. Eram evidentes os indícios de que o caminho escolhido estava certo. O patinho feio se tornara Jacques Fath.

CAPÍTULO 2

A DESCOBERTA DA HOMOSSEXUALIDADE

"Não tenho orgulho de transar com homem."

Uma das principais marcas de Clodovil foi, sem dúvida alguma, a incrível capacidade de não controlar a própria língua. Isso provocou encrencas desde cedo e, mais tarde, muitos processos. O cascudo certeiro que levou na orelha ainda na infância, e que o deixou surdo de um ouvido, veio do pai após uma resposta atravessada. Foi só o primeiro exemplo de que falar o que lhe desse na veneta poderia provocar consequências indesejáveis. Aquela pancada não seria, porém, o único abalo da adolescência a deixar marcas.

Outra sacudida não poderia ter acontecido em momento mais improvável, e caberia fácil em alguma peça de Nelson Rodrigues. Aos 13 anos, em um domingo qualquer, Clodovil acabava de voltar da missa. Pode até ser que estivesse escutando meio pela metade, mas seus olhos estavam bem abertos, e se arregalaram ainda mais quando viu seu pai na cama com outro homem, segundo relembrou em entrevista à revista *Istoé Gente*, em 2003.

O nível do choque subiu um pouco quando ele percebeu que a transa era com o tio, irmão de sua mãe. Ou seja, tudo em família.

Clodovil afirmou mais de uma vez em entrevistas que sua primeira reação naquele dia foi sentar no chão e pensar: "Meu Deus, minha mãe não é amada por ninguém." Mas ficou de bico calado, acreditando sempre que seu pai nunca soube do flagra. "Vi e não falei nada. Não sou fiscal de bunda. A mídia é que toma conta da bunda dos outros", declararia tempos depois. Os sentimentos confusos e contraditórios possivelmente tinham relação com o fato de ele, apesar da pouca idade, já ter feito algo semelhante.

Em agosto de 1971, a revista *Realidade* publicou um extenso perfil de Clodovil. Na matéria, aos 34 anos, ele contava detalhes da primeira experiência sexual, aos 11 anos, com um professor (e padre) do colégio interno onde cursava o ginásio:

"A noite era escura e abafada. Parecia que ia chover. Eu estava na enfermaria, com febre. De repente, ouvi duas batidas na parede. Sonhando eu sabia que não estava, nem delirando. Meus sentidos ficaram aguçados e percebi um acariciar na parede. Inconscientemente, bati também. As batidas, vindas do quarto do professor, se repetiram. Tornei a bater. Eu tinha apenas 11 anos, estava interno em um ginásio, não podia saber nem medir o que fazer. Olhei à minha volta e só vi escuridão. Subitamente, percebi a presença de alguém no quarto. Ao mesmo tempo, a mão, já flácida, com uma lavanda horrorosa, acariciou meu queixo. Foi o que ficou daquela noite: o cheiro horrível da lavanda barata. Acho que não a esquecerei nunca mais."

A repórter questionou se não teria acontecido mais nada. Clodovil respondeu: "Claro que aconteceu, mas foi o que ficou: o cheiro da lavanda." Clodovil descreve sua primeira transa como uma experiência dolorosa e solitária, "escura em todos os sentidos".

Para perfilar o singular personagem, a equipe da revista acompanhou o cotidiano do estilista durante alguns dias. Algo impensável nos tempos atuais, numa época de redações enxutas e de entrevistas realizadas quase sempre por telefone ou e-mail.

Por fim, a reportagem define o estilista como um marginal, que transita pelos universos masculino e feminino, mas no melhor conceito do sociólogo americano Everett Stonequist: "O homem marginal oscila na incerteza psicológica entre dois ou mais 'mundos sociais', refletindo em sua alma os desacordos e as harmonias, as repulsões e as atrações desses dois mundos, um dos quais às vezes 'domina o outro.'"

A sexualidade de Clodovil foi constantemente marcada, de fato, por singularidades e contradições. Ele sempre admitiu a homossexualidade, mas em algumas ocasiões, para espanto — e fúria — de muitos ativistas gays, deixou bem claro que não sentia nenhum orgulho dessa condição.

Quando estava na política, chegou a ser cobrado por não apresentar projetos em defesa dos direitos dos homossexuais, mas rebatia quase sempre em tom ácido: "Deus me livre. Quais direitos? Direito de promover passeata gay? Não tenho orgulho de transar com homem, jamais vou fazer apologia ao viado." Mas virava uma arara, ou um pavão, quando o assunto era homofobia: "Nada mais é do que um criminoso que mata os viados porque também é viado."

Segundo o perfil da revista *Realidade*, Clodovil tinha cara e inteligência de homem, e perspicácia de mulher. Só que o lado feminino, incluindo a atração por homens, nunca foi muito sutil, e começou a ser percebido na adolescência. Principalmente o pai, entendido no tema (dentro do armário), se ligou rapidamente nos trejeitos afeminados do filho adotivo.

Quando o menino estava com 15 anos, não aguentando mais a desconfiança, o pai perguntou se ele era gay. Clodovil se fez de surdo, como declararia tempos depois, dessa vez dos dois ouvidos. Mas admite que não faltou vontade de encaminhá-lo direto para o "capiroto". "Eu podia ter dito o diabo pra ele", comentou certa vez. Mas, talvez para preservar o que lhe restava da audição, achou melhor ficar quieto. Segundo ele, a questão não voltou a ser levantada. Seria perguntar o óbvio.

Apesar dos tabefes, o estilista declarava ter boas lembranças do pai, e jurava de pés bem juntos que não o desrespeitava. Dizia para quem quisesse ouvir que não gostava dele, mas dizia também que era impossível negar a influência do senhor Domingo em sua vida. Além da paixão por homens, herdou dele o gosto pela gastronomia. No caso, segundo Clodovil, metade por prazer, metade por necessidade. A mãe, afinal, era péssima cozinheira.

Na mesma reportagem da revista *Realidade*, o estilista contou que o pai aceitou o fato de ele ser gay na última vez que se viram, pouco antes de morrer, vítima de um acidente de carro na década de 1960. "Fui visitar meus pais no Paraná quando já morava em São Paulo. Quando o trem se aproximava da pequena estação, vi meu pai sozinho no meio da plataforma. Saltei e andei em direção a ele. Subitamente, parei com o coração cheio de amor... Meu pai chorava feito uma criança, olhando para mim com ansiedade. No abraço que nos demos, todas as coisas ficaram esquecidas. Meu pai me aceitara como eu era, como não podia deixar de ser, mesmo que quisesse."

CAPÍTULO 3

AGULHA DE OURO NA ERA DO RÁDIO

*"Tudo que me mandarem eu faço.
Em curral alheio, boi é vaca."*

Instalado em São Paulo, morando em uma pensão, Clodovil desistiu da faculdade de filosofia, decidido a realizar o sonho da adolescência. O estilista relembrou em uma entrevista para a revista *IstoÉ Gente* a época em que tudo começou: "Eu tinha 16 anos e não sabia que existia essa profissão. Peguei uma página de caderno e fiz onze vestidos e levei numa loja no centro de São Paulo. A gerente comprou seis dos onze desenhos. Foi aí que comecei a trabalhar com moda."

A relação de Clodovil com o universo das artes e com a mídia também começou cedo. Em 1954, com 16 anos, um desenho seu foi destaque em uma coluna sobre moda da cantora Marlene, conhecida por sucessos como "Lata d'água na cabeça". Ao lado de Emilinha Borba, Marlene era considerada a grande estrela da Era do Rádio.

Naqueles tempos, a televisão dava os primeiros passos, e demoraria alguns anos para se firmar. Para a maioria, o jeito era ouvir rádio, principal veículo de comunicação de massa. Todo mundo tinha um aparelhinho em casa, inclusive o jovem Clodovil quando ainda morava no interior paulista. Fã de Marlene, ele a achava muito mais chique que todas as outras. A cantora já tinha ido à França para uma temporada de quatro meses no badalado teatro Olympia, em Paris, a convite de Edith Piaf, com quem dividira o palco.

Se hoje as bancas de jornal são abarrotadas de publicações sobre o universo da televisão, naqueles anos acontecia o mesmo com o rádio. Era assim na revista *Radiolândia*, em que a famosa cantora mantinha uma coluna chamada "Recado de Marlene". E a oportunidade para Clodovil surgiu quando ela decidiu realizar um concurso para premiar quem desenhasse o melhor vestido para ela.

O desenho de Clodovil foi publicado na coluna, ao lado de uma descrição do traje escrita por ele mesmo: "Este vestido pode ser feito em tafetá italiano ou tule preto. O busto e a saia muito justa são confeccionados em tafetá. O busto deverá ser bordado em strass e canutilhos prateados. A saia, exageradamente franzida, é em tule. Note que a saia inicia curta na frente, descendo à medida que vai alcançando a parte de trás. A alça, que contorna o pescoço e sai abaixo do busto, é feita em tule da mesma cor que o resto do conjunto. Como complemento, use apenas um bracelete e brincos de brilhantes ou imitação."

Para arrematar a coluna, Marlene comentou a criação do estilista, a quem encheu de elogios: "Clodovil, seu modelo é muito bonito. Parece que será um dos classificados." Clodovil comentou o fato em uma entrevista no ano de 1977. "Meu primeiro desenho de moda foi publicado na revista *Radiolândia*, que já não existe mais. Marlene, a cantora, tinha uma coluna lá e fez o concurso. Era por volta de 1954 ou 1955, eu tinha 16 anos, morava em São José do Rio Preto, onde também estudava, e mandei os desenhos sem esperar nada. Quando eu me vi publicado, vi que ganhei, a emoção foi muito forte, senti que tinha encontrado a minha profissão, meu futuro."

Apesar do reconhecimento precoce, até 1959 Clodovil enfrentou dificuldades para viver em São Paulo. Foram anos de luta. Morando em pensões no centro velho da capital, o rapaz chegou a passar fome. Por esses acasos da vida, conheci o neto de um alfaiate que foi colega do estilista em uma loja de tecidos finos daquela região. O avô contava que Clodovil era um desenhista excelente, mas não sabia costurar. O estilista foi ajudado por esse alfaiate, que, além de ensiná-lo a costurar, o levou algumas vezes para almoçar em sua casa, porque sabia que o jovem costureiro não tinha dinheiro.

A aparente amizade terminaria alguns anos depois, quando Clodovil, já famoso, teria sido perguntado em uma entrevista sobre o alfaiate que o ajudara no início da carreira, e nem sequer citou seu nome. A partir de então, o nome de Clodovil virou um assunto proibido naquela casa. Fotos e recortes de jornais com os dois juntos em desfiles e com as modelos foram devidamente encaminhados para a lata de lixo. Esse era só um de uma coleção de desafetos.

Há alguns depoimentos de Clodovil sobre o começo da vida em São Paulo: "Tentava sempre trabalhar, mas como freelancer, porque não existia um esquema de moda, eram lojas e butiques. Havia lojas chiquérrimas — como a da Rosita, a Vogue —, e outras menores, mas de categoria — como a Scarlett, da Maria Augusta, onde trabalhei cerca de trinta dias."

No livro *História da moda no Brasil*, de João Braga e Luís André do Prado, Clodovil fala sobre a curta passagem pela loja de Gutta Teixeira, onde o estilista Dener Pamplona também havia trabalhado, e comenta o esquema padrão da época: "Ela trazia modelos de Paris e da Itália e executava aqui. A loja tinha uma clientela superelegante; atendia com hora marcada, uma coisa muito fechada."

Na mesma entrevista, ele recorda que a dona da butique, Maria Augusta, o colocou para fora a bolsadas porque não gostou nada de ouvir Clodovil a chamando de tia Maria Augusta, como Dener fazia. "Eu não sabia que ela odiava tanto o Dener, por isso fui demitido..."

Com a chegada da década de 1960, a maré começou a melhorar para Clodovil, e também para toda uma nova geração de costureiros que se especializava em atender à demanda crescente por novidades e luxo. Um incentivo importante para essa turma de jovens talentos brasileiros foi o Festival da Moda Brasileira, com os prêmios Agulha de Ouro e Agulha de Platina.

Costureiros e butiques da época desfilavam suas marcas e figurinos em busca de fama e prestígio. Entre os estilistas, Clodovil fez questão de marcar presença. Para a tecelagem brasileira também foi uma boa oportunidade de aparecer como patrocinadora, em um tempo em que se importavam tecidos da Europa.

Para enfrentar a concorrência, acirrada pela chegada dos fios sintéticos, a tecelagem Matarazzo, que desde 1958 usava fios de algodão, uniu forças com a indústria francesa Boussac. A parceria resultou em desfiles de costureiros internacionais, franceses, italianos e brasileiros no Rio de Janeiro e em São

Paulo. Tudo para tentar fortalecer o consumo de tecidos fabricados no Brasil.

Uma curiosidade dos desfiles que aconteciam nas décadas de 1950 e 1960 é que eram todos beneficentes. O Festival da Moda Brasileira da Matarazzo-Boussac, por exemplo, surgiu com a nobre missão de arrecadar recursos para uma campanha de combate ao câncer. No fundo, claro, todos sabiam que um dos principais propósitos desses eventos era fazer as mulheres babarem sem culpa nenhuma pelas criações caríssimas.

No documentário *História da moda no Brasil*, de 2009, Clodovil fala do troféu Agulha de Ouro que ganhou em 1960: "Concorri pela primeira vez em 1960, por uma loja chamada Signorinella, de uma italiana. Eu desenhei, a loja executou. Ganhei com um vestido chamado 'George Sand', uma mulher vestida de homem. Mas era uma roupa feminina, cinza, branco e bordô. Tinha um chapéu de homem de palha branco com a calota bem alta."

No ano seguinte, a revista *O Cruzeiro* anunciou a vitória de Clodovil. Foi "a consagração do mais jovem figurinista de São Paulo", dessa vez com o troféu Agulha de Platina, prêmio máximo da competição. Ainda trabalhando na Casa Signorinella, ele foi campeão com um vestido amarelo chamado "Turandot", um personagem da ópera homônima de Puccini. "Uma sinfonia em tons de amarelo, branco e ouro, em mousseline dégradée Arc-en-Ciel. Corpo comprido e reto, de onde parte a saia em panos godet. Larga estola em duas echarpes", descreveu a reportagem, publicada em dezembro de 1961.

O vestido criado por Clodovil era composto por duas partes: um forro de cetim amarelo e um tomara que caia com uma espécie de túnica-estola, uma capa comprida que se arrastava pelo chão. Os bordados provavelmente foram feitos pela mãe, dona Isabel, que o ajudava no início da carreira.

Após o desfile, foi oferecido um coquetel no terraço do edifício Francisco Matarazzo, onde hoje fica a sede da prefeitura de São Paulo. "Nessa época não existiam manequins profissionais, e a minha era uma comissária de bordo da British Airways, uma inglesa de cabelos platinados (...) Só sei que, quando ela entrou na passarela e virou para a plateia, o vento levantou aquela musseline levezinha, e ela veio de braços abertos... Foi uma comoção, um delírio. Eu ganhei por unanimidade...", declarou Clodovil em entrevista a Erika Palomino para o jornal *Folha de S.Paulo*.

A última edição do concurso Festival da Moda aconteceu em 1963. O vestido amarelo de 1961 já não existe, mas uma réplica foi confeccionada nos anos 1980 para um desfile beneficente e hoje se encontra sob propriedade do Instituto Clodovil Hernandes. A peça já fez parte de algumas exposições em São Paulo.

Numa época em que a moda brasileira era praticamente inexpressiva, Clodovil decidiu abrir seu próprio ateliê, e foi o que fez em 1962, especializando-se principalmente em vestidos de festa. Seu espaço, na já elegante rua Oscar Freire, vivia abarrotado de socialites que disputavam as criações exclusivas do jovem estilista.

Embora a alta-costura fosse sua paixão maior, ele se especializou em *prêt-à-porter*. As peças saídas da prancheta de Clodovil foram vestidas por gente muito importante na década de 1970 e início dos anos 1980. O talento de Clodovil para a moda foi reconhecido por nomes como Elis Regina, Cacilda Becker, Hebe Alves e as famílias Diniz e Matarazzo.

"Uma vez dona Hebe Alves, antiga dona do Mappin, chegou numa loja onde eu era estilista. Perguntou se eu conhecia Paris e eu disse que não. Perguntou se eu conhecia o Maxim's (restaurante), e eu disse que sabia onde era, sempre fui metido. Então, ela me disse que queria um vestido para ir a um jantar no Maxim's. Fiz um modelo cintura de vespa, saia balonê. Passaram-se dois meses e ela voltou, dizendo: 'Paris estava velha. Eu era a coisa mais nova que Paris viu.'"

Apesar de se inspirar nas tendências vindas de fora, a história mostra que Clodovil levava em conta o perfil da cliente que ia vestir e o evento que frequentaria, criando uma moda exclusiva para a mulher brasileira.

"Quando Clodovil apareceu, era ainda a época das roupas mais clássicas, que ele fazia muito bem", declarou a consultora de moda Costanza Pascolato, que o conheceu no início dos anos 1960, a uma reportagem de Alcino Leite Neto para a *Folha de S.Paulo*. Publicada em 2009, a matéria destaca o fato de Clodovil acrescentar humor e ousadia a uma moda de roupas exclusivas, numa época em que a palavra "estilista" ainda nem existia. Segundo a consultora, apesar de dividir com Dener a preferência das mulheres da elite brasileira, Clodovil se destacou como pioneiro por anos, e foi um dos pilares da alta-costura brasileira. "Numa sociedade que importava modelos europeus, o estilista inaugurou uma moda *made in Brazil*", afirmou Costanza.

Outra especialista no assunto, Glória Kalil, que também falou para a reportagem da *Folha de S.Paulo*, concorda com Costanza. Ela alegou que Clodovil colocou brasilidade na "alta-costura" do país: "Ele acrescentou uma irreverência e um humor que não existiam."

Para Glória, Clodovil migrou para a televisão amargurado por não conseguir se enquadrar nas mudanças da produção industrial: "Ele tentou fazer *prêt-à-porter* e até jeans, mas não deu certo."

O talento de Clodovil era mesmo para os vestidos sofisticados e exclusivos, que enalteciam a feminilidade, com bordados e tecidos nobres. Ele adorava exibir suas criações nos muitos desfiles que realizava em seu ateliê para um seleto grupo de mulheres, em geral com algum destaque na mídia e na alta sociedade. "O Brasil, assim como qualquer país, pode ter uma alta-costura, desde que haja uma elite", declarou o estilista em diversas entrevistas.

CAPÍTULO 4

GÊNIO ASMÁTICO *VERSUS* NEGA VINA

"É claro que eu teria tido mais sucesso se fosse loiro de olhos azuis."

Sem as passarelas da Fashion Week, no início da moda brasileira, para se tornar popular e "esquentar" o mercado, era preciso bem mais do que criatividade nos desenhos, tecidos e cores. Tentando ganhar a atenção e o dinheiro da elite, Dener e Clodovil tomaram uma via alternativa. Valia tudo para fisgar a mulherada endinheirada que circulava pelos circuitos mais finos da sociedade, ávida pela moda que começava a se globalizar. A grande ideia da dupla foi inventar uma briguinha midiática, cheia de chiliques, faniquitos, alfinetadas e o ingrediente principal: muita, muita fofoca.

Entre puxões de cabelo, bolsadas e coleções de roupas rasgadas, os holofotes do ringue cheio de sedas, plumas e paetês seriam só deles, os dois maiores nomes da emergente alta-costura tupiniquim. De um lado, o carismático e franzino Dener, que, por seu porte não tão atlético, ganhou o apelido de "gênio asmático". Do outro, Clodovil, a quem seu oponente chamava, maldosamente, de "Nega Vina".

O apelido, na verdade "Nêga Vina" (com acento) era uma forma de atacar a suposta ascendência negra e indígena de Clodovil.

Apesar de ser alguns dias mais jovem que Clodovil, Dener era mais experiente, o primeiro costureiro a se tornar famoso no país. Nascido em 1937 na Ilha de Marajó, no Pará, mudou-se em 1945 para o Rio de Janeiro e em bem pouco tempo, três anos depois, com apenas 13 anos, já flertava com a Casa Canadá, famosa butique carioca para a qual fez alguns trabalhos eventuais.

O menino tinha bom gosto e caiu nas graças de figuras importantes. Em 1950 desenhou um vestido de debutante para Danuza Leão, criação que serviu de atalho para seu primeiro estágio importante com a estilista Ruth Silveira, dona de uma butique badalada. Demorou só mais quatro anos para Dener fazer as malas e se mandar para São Paulo, em 1954.

Depois de uma curta temporada na butique Scarlett, em 1957, Dener abriu seu próprio ateliê, na (ainda bucólica) praça da República, região central da cidade, com vocação antiga para o entretenimento, principalmente aos domingos. Na metade de 1850, a atração principal eram as touradas. A boêmia local comparecia em peso. Já em 1950, a agitação era conduzida por outro grupo. Artistas, artesãos e vendedores esboçavam ali o que é hoje a feira de artesanato que acontece nos fins de semana.

Dener só ficou um ano no local. Com dois prêmios no currículo, se instalou na rica e charmosa avenida Paulista, ainda repleta de mansões, casarões, palacetes e árvores, que infelizmente não demorariam muito a dar lugar aos muitos edifícios que hoje compõem o cenário cinzento e enfumaçado do coração financeiro do país.

E o embate fake entre os dois costureiros deu certo. O confronto purpurinado caiu nas graças da imprensa e ganhou o simpático nome de "guerra das tesouras". Em jornais e revistas, entre sedas e frufrus, Dener não perdia uma chance de descer o sarrafo no rival. Os ataques foram muitos, em geral caceteando algum ponto supostamente fraco de Clodovil, como se vê em um depoimento publicado pelo diário carioca de apelo popular *Luta Democrática*, fundado em 1954 e que circulou até por volta de 1977: "Clodovil não é um mau costureiro e às vezes faz uns vestidos aceitáveis para suas clientes do interior de São Paulo. Mas, ainda que fizesse um grande vestido, não adiantaria de nada, porque não teria para quem vender. Ele veste bem o seu tipo de clientela e é útil porque me poupa o trabalho de atender muita gente para quem eu não poderia criar."

O jornal *Luta Democrática* tinha uma linha editorial sensacionalista e carregada de malícia, com pautas escandalosas e manchetes ambíguas. A briga dos costureiros rendeu por lá. Clodovil costumava dizer para quem quisesse ouvir que cobrava muito caro por seus vestidos, e até mais caro do que Dener. Este, logicamente, respondeu ao ataque: "Não sei, porque não me preocupo com o preço dos outros. Meus clientes pagam a qualidade da confecção, o meu trabalho e a segurança de que estão usando o que há de melhor. O Clodovil pode pedir, qualquer um pode, o que quiser por um vestido. O problema é que ele não tem quem pague. Vamos então chegar a um acordo: o

Clodovil é o que pede os preços mais altos do Brasil. Eu sou o que vende os vestidos mais caros do Brasil."

Outra maneira que Dener encontrou para infernizar a vida de Clodovil foram os apelidos não muito elegantes que deu ao colega, o que passavam a impressão de que nem tudo era falso nos ataques. "Quer ver o Clodovil, aquele costureiro finííííssimo, quicar de raiva? É só chamá-lo de Nega Clô ou de Nega Vina. Segundo o próprio Dener, 'Vina' é a negra retinta, carregada na cor. Trocando em miúdos, preta mesmo."

Os apelidos atazanaram Clodovil até mesmo após a morte do rival. "Clodovil vira uma gata raivosa quando escuta esses apelidos, que o falecido Dener lhe deu, e que o perseguem até hoje", comenta a reportagem do jornal.

A antológica revista *O Cruzeiro* também cedeu espaço para a briga dos costureiros. Em uma edição publicada na década de 1970, uma matéria anunciava mais um round da disputa pelo reino fashion: "O costureiro Clodovil está se municiando para responder acusações de seu colega Dener, que o chamou em entrevista de 'invejoso e imitador', dizendo mais, que Clodô não tem a categoria profissional por ele mesmo propalada. A briga dos dois costureiros paulistas é velha e agora entra numa fase de fogo cerrado, a ponto de chamuscar as plumas de ambos."

E as plumas ficaram chamuscadas mesmo. E muito. Por toda a parte. Até mesmo o velório da lendária estilista francesa Coco Chanel, que morreu em janeiro de 1971, serviu de arena para o duelo de vaidades dos dois costureiros. Fã incondicional do maior mito da moda parisiense, dizem que Dener ficou uma semana de luto, usando preto, quando soube da morte de sua musa inspiradora.

Depois a cor mudou. Ele ficou verde — de ódio — quando soube que Clodovil esteve no velório e no enterro de sua deusa francesa. Deu um chilique, quando falou à imprensa, e destilou seu veneno: "Não é possível! Vai ver pensaram que ele era o representante da Nigéria."

Vez ou outra, Clodovil arriscava um tom mais "bom moço", mas não menos venenoso, para tentar emplacar uma imagem parecida com a que ganhou no velório de Coco Chanel, de "elegante representante da costura brasileira". É o que se percebe em uma declaração que deu à revista *Intervalo*, da Editora Abril, primeira publicação especializada no mundo da televisão, que dominou o mercado até o início dos anos 1970. Clodovil declarou ao jornalista Wladimir Tavares de Lima: "Não consigo entender por que Dener gosta de se envolver em fofocas. Isso é horrível, depõe contra a nossa classe. Prejudica a nossa imagem. Às vezes eu tenho a impressão de que ele gosta mesmo é de escândalos. E esse é o pior caminho que um profissional pode escolher para aparecer. É só com talento que se vence, está mais do que provado."

No livro *O Brasil na moda*, os autores Paulo Borges e João Carrascoza abrem espaço para um desabafo de Clodovil sobre a famosa briga com Dener. O costureiro reclama mais uma vez do colega, mantendo o estilo meio conciliatório e brando: "Ele inventava coisas, dizia que era chiquérrimo, que a família dele era Pamplona de Abreu e que eu era um ninguém. (...) Ele era mau mesmo. Me chamava por uns apelidos esquisitos, me chamava de Nega Vina. Ele tinha uma cachorra preta grande e botou o nome nela de Nega Vina só para me incomodar. E isso tudo saía nos jornais... Mas nunca me afetou."

Matteo Amalfi, estilista contemporâneo aos dois, que ficou conhecido como o "general lírico", concedeu uma entrevista ao jornalista Pedro Diniz, em 2012, para a revista *Serafina*, do jornal *Folha de S.Paulo*. Na ocasião, ele falou um pouco sobre a tal guerra:

"'A briga foi uma invenção da mídia. O 'gênio asmático' [Dener] e a 'Nega Vina' [Clodovil] fizeram questão de alimentar a loucura. Eu era um menino quando fui jogado no meio daquelas víboras', brinca Amalfi — que não revela a idade —, citando os apelidos dos antigos desafetos. 'Eu era o 'anjo de Botticelli' por causa dos olhos azuis', diz, orgulhoso. [...] Sentado numa cadeira do seu ateliê, decorado em estilo neoclássico, Amalfi olha para as paredes. 'Lembro bem do Clodovil se escondendo em casa nas vezes em que dizia ir a Paris. Glamour não sustenta ninguém, por isso fico atento ao que se usa nas novelas.'"

A tal guerra das tesouras pode ter até sido uma invenção, mas alguns barracos entre os dois costureiros foram bem reais. Como o que ocorreu em um desfile importante e que teve a participação do estilista italiano Valentino Garavani. Há quem diga que foi um dos maiores arranca-rabos do mundinho da moda. No dia, as duas "divas" das passarelas brasileiras perderam completamente as estribeiras, segundo contam Luis André Prado e João Braga no livro *História da moda no Brasil*.

O imbróglio afrescalhado entre as divas das tesouras aconteceu em 1969, nos bastidores da Fenit (Feira Nacional da Indústria Têxtil), evento que acontecia anualmente no Parque Ibirapuera, em São Paulo. Criado em 1958 pelo empresário Caio de Alcântara Machado em parceria com o Sindicato das Indústrias Têxteis (Sinditêxtil), após a terceira edição o desfile tornou-se aberto ao público e com ingressos a preços populares, bem diferente de outros badalados, porém fechados, organizados por butiques famosas como a Casa Canadá.

Segundo Caio de Alcântara Machado, a briga aconteceu porque tanto Clodovil quanto Dener queriam desfilar primeiro. E, obviamente, nenhum deles concordava em ser o último. "Eles se pegavam nos camarins, arrancavam os cabelos; eu só ouvia os berros", relatou o empresário.

"Claro que foi um dia de encrencas", descreveu Clodovil. "Teve muito bate-boca, se discutia quem ia desfilar antes de quem, se ia ou não ia ter noiva. A noiva do Dener acabou não desfilando, porque eu rasguei todo o vestido que ela usaria. Nós sempre fomos desrespeitosos...", admitiu, com naturalidade.

A guerra das tesouras fez tanto sucesso que inspirou a novela *Ti-ti-ti*, da Rede Globo. As farpas trocadas pelos personagens Jacques Leclair e Victor Valentim eram bem parecidas com as que, na vida real, Dener e Clodovil trocavam na mídia. Cassiano Gabus Mendes baseou-se na dupla para criar os dois personagens principais da trama, que foi ao ar em 1985, vários anos depois da morte de Dener e numa fase em que Clodovil já tinha deixado a alta-costura para se dedicar mais ao *prêt-à-porter* e à televisão.

Depois, Clodovil admitiu em entrevistas, mais de uma vez, que sua briga com Dener era uma farsa para agitar a mídia e aumentar o destaque, a fama e o sucesso dos dois estilistas. "A gente brigava durante o dia só para sair nos jornais. À noite nos encontrávamos para rir. Ele fazia isso para me promover, sabia que eu tinha valor." A consultora de moda Costanza Pascolato confirmou ao portal *G1* que a tal rivalidade não passava de jogada de marketing: "Dener e Clodovil eram amicíssimos. Eles sabiam que, forjando essa rivalidade, ganhariam espaço na mídia. O que de fato conseguiram."

A briga pode ter surgido para chamar atenção, e eles na realidade podem ter sido grandes amigos, mas a rivalidade (bem real) esteve o tempo todo entranhada na relação. Em uma entrevista a Amaury Jr. em sua casa de Ubatuba, o apresentador apontou para uma foto de Clodovil vestido como uma das maiores estrelas de Hollywood, a atriz britânica Audrey Hepburn.

Questionado sobre a história da foto, o estilista explicou:

"Eu tinha 18 anos, isso foi uma brincadeira que eu fiz com o Dener uma vez. Ele foi fazer uma foto de vestido, mas usou uma peça muito exagerada, ele na verdade parecia um homem vestido de mulher. Eu dizia, uma mulher não é isso, uma mulher é dentro, é na alma. Eu peguei um lenço que eu nem sei de quem era, pus na cabeça, coloquei um colar de strass para segurar o lenço, puxei meu cabelo para a frente, fiz um risco no olho que era moda e então fotografei e hoje em dia tenho honra, prazer de mostrar."

E a rixa não se encerrou com a morte de Dener. Em 2005, numa entrevista à *Veja São Paulo*, Clodovil foi à forra: "Tinha muita inveja dele. Mas, depois que entrei no mundo da moda, Dener nunca mais ganhou prêmios." Houve tréplica. A filha de Dener, Maria Leopoldina, que mora numa comunidade Hare Krishna no interior de São Paulo e, ao que parece, puxou a verve ferina do pai, rebateu em seguida: "Na realidade, se meu pai não tivesse falecido tão cedo, o estilista Clodovil é que estaria à sombra dele."

Apesar das desavenças, Clodovil foi um dos poucos famosos a aparecer no velório de Dener Pamplona, que morreu em 9 de novembro de 1978, aos 41 anos, esquecido e distante da fama da qual tinha desfrutado anos antes por conta de problemas de saúde agravados pelo excesso de álcool. O documentário *História da moda no Brasil* traz um depoimento do costureiro, bem ao seu estilo, sobre o respeito que tinha por Dener: "Ele era uma figura, um homem bonito, simpático, querido, divertido. Não era culto, não era nada, mas tinha um certo charme, ele tinha mesmo. Ele tinha muito respeito por mim, e, na verdade, eu só percebi isso uns vinte anos depois que ele havia me dado a chance de ser seu oponente."

Com menos visibilidade, outros estilistas também fizeram parte da disputa pelo título de melhor costureiro do país. Entre eles, além do italiano Matteo Amalfi, havia o caçula da turma, o estilista Ronaldo Ésper, que já na década de 1960 começou a ciscar no terreno da moda e a brigar por um lugarzinho para chamar de seu.

Ele conta que conheceu Clodovil em uma baladinha gay. Eram outros tempos, bem diferentes de hoje, mas a noite paulistana já fervia. O encontro, totalmente casual e inusitado, aconteceu em uma boate na praça Roosevelt, no centro de São Paulo, chamada Bonsoir — uma das primeiras casas gay de destaque na cidade. Ésper conta que foi ao toalete e, quando fechou a porta, caíram as maçanetas dos dois lados, deixando-o preso lá dentro. "Eu ficava olhando pelo buraco da fechadura para ver quem entrava. Quem veio foi o Clodovil. Falei: Clô! Eu tô aqui preso. Ele morreu de rir e chamou alguém para abrir a porta."

Só que as risadas do primeiro encontro não demoraram a cessar, e o clima entre os dois logo azedou. "Minha rivalidade com o Clodovil começou porque ele queria ser o primeiro, ou no máximo o segundo. Jamais o terceiro. Já tinha o Dener no caminho dele e, de repente, aparece um outro e mais novo ainda. Ele não gostou", comenta Ésper.

Segundo o costureiro, que já foi acusado de roubar vasos de um cemitério, o clima ficou ruim também porque Clodovil tinha muito ciúme da boa relação dele com Dener. E garante que o estilista sempre inventava alguma coisa para ser desagradável.

Outro fato terminou piorando ainda mais a relação. Clodovil viajava pelo Brasil, em meados de 1960, apresentando uma coleção para promover uma empresa de tecidos internacional que já não está mais no país. Durante a turnê, se desentendeu com a firma e adivinhe quem foi contratado em seu lugar? Ele mesmo, Ronaldo Ésper.

Nessa época eles se encontravam muito em boates, casas noturnas, restaurantes. São Paulo, vinte anos depois do fim da Segunda Guerra Mundial, vivia um clima europeu, com refugiados de todos os tipos, fascistas e judeus, ambos com medo, desbundavam na terra da garoa. Outra boate bem badalada, também na praça Roosevelt, era a Baiúca, mas, segundo Ésper, "grã-finérrima", não era tão frequentada pela turma de jovens costureiros.

Ele diz que um contraste claro com os dias atuais é que naqueles anos era muito mais fácil encontrar as pessoas. Meio óbvio, afinal havia muito menos gente na cidade. Outro ponto de encontro era um bar ao lado do Teatro Brasileiro de Comédia, o TBC, frequentado por Cacilda Becker e mais gente da classe artística (quase toda gay). Apesar de existir um ou outro point mais simples, Ésper afirma que era tudo muito diferente de hoje, e mais elegante também. Segundo ele, era uma São Paulo sem "bichinha pão com ovo".

Em 1963, antes de completar 18 anos, Ésper já trabalhava na Casa Vogue, que, junto com a Casa Madame Rosita, era uma das mais chiques do país. Durante as entrevistas para esta biografia, ele sempre fez questão de declarar sua superioridade. "Clodovil nunca trabalhou lá. Ele sentia que minha origem tinha mais pedigree que a dele. Era muito ligado nessas coisas. Fiquei lá mais ou menos um ano e depois fui estudar filosofia." Além de filósofo, Ésper também cursou jornalismo e até trabalhou na imprensa durante um período.

Nessa época Clodovil estava na Signorinella, da italiana Angioletta Miroglio, casa que já tinha abrigado outro estilista de destaque, José Nunes. Ésper abriu seu ateliê no dia 31 de março de 1964, mesmo dia em que o país sofreu o golpe militar que colocaria um ponto-final no governo do presidente democraticamente eleito João Goulart, também conhecido como Jango.

Em São Paulo, nessa época, havia umas quatrocentas pessoas que eram consideradas a nata da cidade. Entre eles estavam industriais, banqueiros, famílias de nomes tradicionais, que eventualmente nem tinham tanta grana assim. Essa era a clientela de onde saíam as dez mais elegantes de São Paulo, e depois as dez mais elegantes do colunista Ibrahim Sued, considerado o criador da moderna coluna social.

Ésper faz questão de destacar o perfil das mulheres daqueles anos: "Eram extremamente diferentes das de hoje. Algumas tinham estudado na Europa, ou aqui mesmo, mas em colégios caros, eram refinadas." Para ir ao baile ou à feira, o chique era não usar roupa pronta. Eram essas mulheres que todos os costureiros queriam. E naqueles anos dourados da moda os negócios eram feitos diretamente com o cliente. Dener já estava no meio delas. Todas as "dez mais" se vestiam com ele, até que começou a disputa com Clodovil.

Pouco depois, Ésper entrou no ringue das tesouras. Ele se orgulha de ter começado "vestindo gente da alta sociedade". E, assim como fazia Dener, ataca a veia interiorana de Clodovil. "Era costureiro de fazendeiro do interior, é verdade, ele tinha aquela clientela dos lados de São José do Rio Preto e de Ribeirão Preto, onde viviam famílias importantes, e ele não se conformava de eu ter começado no meio da elite paulistana. Achava que eu era um intruso."

Depois de algum tempo, Clodovil viu que Ésper tinha realmente se estabelecido e que não havia como tirá-lo da jogada. Os dois se tornaram amigos eventuais, que se encontravam na noite, onde a grã-finada se reunia. Clodovil, assim como seus colegas das passarelas, gostava muito da noite. Houve períodos em que, segundo contam, saía a semana inteira, e nas noitadas gostava de dar uma canja como cantor.

Ésper não gostava nem um pouco das performances. "Às vezes ele levantava e cantava, mas, apesar das aulas de canto que fazia, não cantava nada." Para o caçula da turma de estilistas, era um comportamento que ele adotava para se destacar no circuito de boates. Também conseguia chamar a atenção com as brigas que arrumava. Tudo só para ser o centro das atenções, segundo Ésper. "Era tudo muito montado, depois se tornou um hábito e ele não parou mais", conta.

Ele lembra ainda que Clodovil não fugia de uma encrenca: "Ele brigava, xingava e até enfrentava fisicamente. Apanhava sempre, mas não tinha medo. E isso não era só na boate: era em qualquer lugar. Onde ele estava tinha confusão."

A guerra das tesouras, segundo Ronaldo Ésper, realmente era uma farsa, mas ele afirma que Dener tinha, sim, muitas restrições em relação a Clodovil. Sobre o apelido de Nega Vina, acrescenta algumas doses da mais pura maldade. Segundo ele, quando o cachorro de Dener latia demais, ele ameaçava o animal dizendo que o entregaria para a Nega Vina. O cão, então, parava de latir e começava a chorar.

CAPÍTULO 5

ALTA-COSTURA, *PRÊT-À-PORTER* E A REVOLTA DAS TESOURAS

"Hoje não existem mais estilistas; é um monte de bichas."

Clodovil Hernandes começou a costurar sua carreira no ano de 1962, com a instalação de sua primeira "maison" em São Paulo. Entre os costureiros, ele tinha visão da moda como mercado e não como apenas objeto de desejo e vaidade da alta sociedade. O rapaz sonhava com uma realidade semelhante à da França, onde o setor era, naqueles anos, a terceira principal fonte de riqueza. E logo o costureiro anunciou que também atacaria no *prêt-à-porter*: "Farei vestidos a preços caros. Mas, ao lado da inauguração de minha casa de *haute couture*, industrializarei meus desenhos."

Com o nome reconhecido pela mídia e famoso por todo o país, Clodovil se viu por cima da carne-seca. Não era para menos. Tinha se estabelecido e ganhado o posto de um dos protagonistas da moda brasileira. Prova disso era o entra e sai em seu ateliê, frequentado por celebridades, artistas e personalidades da alta sociedade. A agitação na Oscar Freire beirava a insanidade, com mulheres disputando espaço na butique do estilista. Não foi à toa que sua fama se espalhou pelo Brasil. Clodovil passou a ser convidado para fazer figurinos para comerciais e programas de televisão.

No explosivo ano de 1968, para ira de seus coleguinhas das tesouras e tecidos, Clodovil assinou o vestido de noiva da primeira mulher de Roberto Carlos, Nice Rossi, tarefa que lhe rendeu enorme publicidade e mais impulso em sua carreira, que já andava turbinada. Em crepe francês e adornado com vison, o vestido ganhou a capa das principais revistas da época. Apesar da fama de moço comportado, Roberto desafiou o preconceito e a lei da época ao se casar com uma mulher mais velha, desquitada e com um filho do primeiro casamento.

O matrimônio, considerado um absurdo pelos moralistas de plantão, aconteceu em Santa Cruz de la Sierra, na Bolívia, porque no Brasil o casamento com uma mulher desquitada não era permitido legalmente. Vestidos de noiva não eram novidade para Clodovil. Praticamente toda semana alguém se casava com trajes feitos por ele. Essa era, aliás, sua principal fonte de renda. Só que o vestido de Nice Rossi foi um caso à parte.

Era um tempo de autoritarismo, violência e conservadorismo exacerbado. Para ficar em um exemplo apenas, foi o ano do famigerado AI-5, que endureceu ainda mais a ditadura militar no país. Mas também foram dias de ruptura, de quebra de paradigmas. Nesse cenário, Clodovil, que tinha uma clientela mais jovem — Dener em geral era procurado por mulheres mais velhas —, era a opção mais indicada para aquele casamento nada convencional.

Talvez para fazer uma média com o governo militar, o cantor aproveitou os holofotes da televisão e das emissoras de rádio, que transmitiram a cerimônia ao vivo, e, no lugar de a "Marcha nupcial", a cerimônia foi embalada pelo Hino Nacional Brasileiro. Com toda aquela propaganda, a demanda pelos vestidos do Clodovil evidentemente aumentou.

Enquanto para Clodovil, Roberto Carlos rendeu fama e dinheiro, no caso de Dener restou traição e fofoca. Antes de se casar com Nice, o ícone da jovem guarda se envolveu com a sua mulher, Maria Stella Splendore, famosa modelo nos anos 1960. Dizem que a moça foi a inspiração por trás da canção "Namoradinha de um amigo meu".

Já Clodovil, depois do casamento de Roberto, apesar de comemorar a fama, encontrou mais razões para criticar a falta de infraestrutura do país para a alta-costura. Era muito trabalho, e o estilista tinha que rebolar muito para dar conta: "Eu ia a Paris e trazia rolos de panos, de veludos. Não podia dobrar, tinha que enrolar e, com alças, trazer nas costas pendurados. Tinha que ser amigo da primeira-dama, amigo não sei de quem para poder tirar os tecidos da alfândega. Enfim, fazer roupa era um sacrifício. [...] A importação era proibida; era tudo proibido... [...] O Dener tinha um acabamento melhor, porque, por sorte, teve duas contramestras muito boas; duas espanholas. Na época, as pessoas migravam para cá do Nordeste, gente que sabia fazer costura. Porque era uma costura à mão mesmo; os bordados eram manuais, era *haute couture*", disse Clodovil ao livro *História da moda no Brasil*.

Ronaldo Ésper relembra que foram anos de muitos desafios: "As informações chegavam com muita dificuldade. Para ter acesso a uma revista com figurinos franceses aqui demorava cerca de três meses, porque chegava de navio, a não ser que algum amigo fosse para lá e trouxesse antes."

Além do bom gosto, a postura profissional ajudou a levar Clodovil para o topo da carreira. E o sucesso como estilista rendeu também a Clodovil uma rápida passagem pelo cinema, como ator e figurinista — e em alguns casos como ambos. Nas décadas de 1960 e 1970, trabalhou nos filmes *Corpo ardente* (1966), de Walter Hugo Khouri, *Beto Rockfeller* (1970), de Olivier Perroy, *Lua de mel e amendoim* (1971), de Fernando de Barros e Pedro Carlos Rovai e *A infidelidade ao alcance de todos* (1972), de Anibal Massaini Neto e Olivier Perroy. Ele havia se tornado um ícone da moda brasileira e estava o tempo todo na mídia, mas quase sempre dava pessoalmente assistência às suas noivas. Criava o vestido e depois supervisionava o penteado, a maquiagem, a disposição do arranjo na cabeça, entre outros detalhes.

Receber críticas, porém, não era com ele, e, quando acontecia, virava notícia, claro. Foi assim quando a cantora Simone criticou o vestido que ele fez para ela se apresentar no Canecão. Segundo reportagem da revista *O Cruzeiro*, o costureiro disparou uma rajada impublicável de palavrões em resposta.

Clodovil era sempre convidado a dar sua opinião sobre o figurino de famosos em destaque na mídia, e não pegava leve nem com a realeza inglesa. Detonou o decote esquisito que a princesa Diana, a Lady Di, usou no casamento com o príncipe Charles, em julho de 1981: "O vestido de tafetá com renda tem um decote esquisito com babado, uma manga bufante, mais babados e corpo justo com saia armada, tudo muito estranho, mal executado. É uma pena, a menina é tão bonita, tem um corpo tão bom. De repente começaram a fantasiá-la com golinhas de fim de século, tudo fora de proporção, não tendo o menor tato com o uso dos comprimentos e outros detalhes que tornaram a roupa neoclássica chiquérrima ou totalmente fora de moda."

Até mesmo Jô Soares, que, segundo Clodovil, sabia se vestir com elegância e humor, chegou a encomendar um vestido com o estilista certa vez, para um personagem. O humorista também foi homenageado em uma exposição que o costureiro promoveu em 1991, em São Paulo.

Ao jornal *Folha de S.Paulo*, questionado por Lilian Pacce se havia inventado moda, Clodovil, entre várias inovações, comentou sobre outro modelo que criou para uma celebridade que frequentava seu ateliê, dessa vez do mundo da música: "Inventei o saint-tropez — o biquíni pedia um cós baixo. Lancei o uso da saia curta por um erro da contramestra. Mandei descer oito centímetros num vestido que a Elis Regina usaria no *Fino da Bossa*, e ela subiu oito. Só vi na TV. Disse para a Elis: 'Você é louca.' Ela respondeu: 'Você mandou!' Como boa cliente, não questionava minha criação."

Mas a moda sob medida, marca registrada de Clodovil e de outros estilistas, de peças únicas, feitas para uma única pessoa vestir (as que pudessem pagar o preço, em geral, bem salgado), desde o fim da Segunda Guerra Mundial começou a perder espaço, diante do crescimento do consumo de massa. Com uma demanda minúscula, limitada a minguados vestidos de festa e casamento, o jeito foi aderir, mesmo que contrariado, ao *prêt-à-porter*, a roupa pronta para vestir, que engoliu o mercado.

Apesar de torcer o nariz no início, Clodovil até que se deu bem no *prêt-à-porter*. A coleção de jeans que ele lançou na década de 1980 fez sucesso — por um curto período, vale ressaltar. A propaganda, que mostrava um cacho de bananas revestido com brim azul, também bombou. Ele também assinou uma linha de bolsas e valises de couro, lenços, perfumes. O estilista percebeu que era uma tendência entre os grandes costureiros licenciar sua marca, vincular seu nome a todo tipo de produto do segmento. Só que ele foi mais longe. Até mesmo um carro com seu nome foi lançado: o Monza Clodovil, da Chevrolet.

Não foi um modelo de série, e sim uma versão limitada, vendida exclusivamente pela Concessionária Itororó. Disponível nas cores ouro, marrom café, azul-noturno, vermelho-sangue, azul-esverdeado e branco-perolado, foi lançado em 1983, inspirado em outros veículos do tipo, que homenageavam estilistas ou dialogavam de algum modo com o universo da moda. A ideia era atingir o público feminino.

Um tanto exótico e extravagante, tinha apliques de acrílico entre as lanternas traseiras e um adesivo no vidro traseiro com a "assinatura" do estilista. No interior, as iniciais do "dono" da série (CH) enfeitavam os bancos revestidos em couro. Também era oferecido como opcional um exclusivo jogo de malas feito sob medida para aproveitar o espaço no porta-malas, também revestido em couro, e que vinha com um organizador para que a bagagem ficasse na posição correta.

O fato é que o Monza Clodovil foi o maior fiasco de vendas de edições limitadas da história automobilística do país. Pouco tempo depois de lançado, o modelo começou a ser considerado um "mico", virou motivo de piada e chacota, irritou quem tinha comprado, e isso contribuiu para que os veículos fossem descaracterizados por seus proprietários e rapidamente sumissem do mapa. A fabricante e o costureiro também tiveram desentendimentos, e a série foi cancelada. Encontrar um carro desses hoje é praticamente impossível. Segundo um diretor da concessionária na época disse que somente doze unidades foram montadas. Há rumores de que ainda existam dois carros "sobreviventes", um vermelho, em São Paulo, e outro azul-noturno, no Rio.

Carros e moda sempre estiveram juntos, mas nas décadas de 1970 e 1980 se misturaram de vez. Antes do Monza Clodovil, a Gurgel, em 1976, fez um X12 para jovens, o X12 Jeans, com portas, capota e estofamento em jeans desbotado. Logo depois, em 1978, a Cadillac apresentou um Seville assinado por Aldo Gucci. Em 1979, foi a vez de o Chevette Jeans entrar na moda. Com estofamento jeans nos bancos e forros das portas, a ideia era chamar atenção do público jovem, com uma pegada esportiva. Adesivos perto do para-lama dianteiro indicavam o nome da versão especial. A Ford lançou a série Designer, da Lincoln, oferecendo modelos assinados por ícones como Givenchy, Cartier, Pucci e o americano Bill Blass.

Voltando para o mundo da moda digamos, mais convencional, Clodovil licenciou vários outros produtos com sua marca, com os quais modelos famosas na época como Bethy Lagardère, Elke Maravilha e Malu Fernandes apresentavam-se em desfiles para uma plateia seleta no badalado ateliê da rua Oscar Freire. Rendido à nova tendência, ele afirmou: "Eu prefiro sempre, em vez de falar de alta-costura, falar do *prêt-à-porter*, que interessa mais ao povo, que interessa sobretudo ao meu país como fonte de renda. Eu não penso mais em Clodovil, eu penso em Brasil mesmo."

A fala do costureiro se referia à crise que se instalava no mundo dos estilistas, provocada por diferentes fatores. Fábricas vendiam os produtos mais baratos, exportavam sem informar aos costureiros, davam notas fiscais falsas, vendiam cem e diziam ter vendido dez. Outra pedra no sapato eram os grandes nomes da moda internacional de olho no mercado brasileiro. Foi então que Clodovil e seus colegas decidiram botar as briguinhas internas na geladeira para lançar a "revolta das tesouras".

Ele também reclamava de mulheres que abriam butiques e contratavam costureiras para consertar vestidos comprados prontos no exterior. Outro problema era que a maioria dos estilistas brasileiros, que na década de 1960 tentou se lançar no *prêt-à-porter* e em outros produtos, quebrou a cara. Nem Dener, muito menos Clodovil. Todos foram atropelados pelos licenciamentos de marcas de costureiros europeus que tomavam o Brasil.

Ciclos alternados de grande sucesso e fiascos monumentais foram uma constante na vida de Clodovil. Ele mesmo afirmou isso várias vezes, mas sempre com ressalvas bem peculiares, obviamente: "Muitas vezes na vida eu fiquei muito pobre. Mas muito pobre mesmo, de ficar sem um tostão... Mas com o mesmo padrão de vida, porque nunca mais fiquei com cara de pobre, depois que comecei a fazer moda... Tenho cara de pobre? Não tenho e nunca tive. Mas passei por apertos muito grandes...".

Apesar do preconceito muito mais acirrado na época, Clodovil era respeitado e foi uma das vozes mais expressivas na defesa da moda brasileira contra a invasão das grifes internacionais nos anos 1970. Embora com um tom de pé atrás e de uma introdução que quase se desculpava pela publicação, a revista *Fato Novo* cedeu espaço para uma longa entrevista com o costureiro, que defendia a criação de uma "Câmara da Alta-Costura no Brasil" para proteger os estilistas do país.

ALTA-COSTURA, *PRÊT-À-PORTER* E A REVOLTA DAS TESOURAS

Na entrevista, Clodovil não poupou nem a mídia. Segundo ele, a regra era ser amigo do dono do veículo. A revista advertiu os leitores de que não considerava a alta-costura um problema prioritário e não concordava com todas as afirmações do costureiro. Também avisou os mais desprevenidos sobre algumas possíveis frases mais inflamadas do entrevistado, embora destacasse a importância de seu posicionamento contra a ação de empresas estrangeiras no Brasil.

Na matéria, intitulada "Frescuras, frescuras, negócios à parte", Clodovil reclamou da dificuldade que costureiros brasileiros enfrentavam para chegar aos outros países: "Para ser internacional, é preciso sair daqui." Questionado, ele apresentou sua definição sobre alta-costura: "É um laboratório de pesquisa onde se faz o que vai ser usado pelas mulheres de todas as camadas, onde se pesquisa tudo, os tecidos, as linhas, o material todo que será depois industrializado." Em seguida, reclamou do modo como ela era realizada no Brasil: "A coisa ainda é feita no sentido inverso. As fábricas brasileiras não entraram no eixo. E, como nós não temos uma Câmara Brasileira de Costura, eles copiam os tecidos quando já estão praticamente *démodes*... na Europa."

O estilista também criticou a mulher brasileira, que, segundo ele, não sabia distinguir o que era costura e alta-costura: "Ela pensa que, pagando X numa loja, ela poderá ter um modelo igual ao que eu tivesse feito... Então ela diz: 'Para que pagar X cruzeiros a um fulano se eu posso fazer com Dona Mariazinha?' Elas ainda acreditam em modista, sabe? E é isso que se pretende regulamentar. Porque elas não têm despesa nenhuma, não pagam impostos, têm uma casa na Mooca, no Paraíso, em Pompeia, e sei mais onde..."

Isso explica uma mudança em seu *modus operandi*: "Antigamente eu desenhava diretamente para a freguesa. Hoje em dia eu não faço mais isso. Eu atendo lá embaixo, e a freguesa para me ver desenhar tem que me dar um sinal antes. Antigamente, era uma loucura: a gente desenhava e elas iam embora e mandavam a costureira fazer igual."

Sobre a moda brasileira e sua provável dependência em relação aos padrões importados, o costureiro afirmou que não existia moda brasileira, nem moda francesa. O que existia era moda internacional. Mas, claro, sempre tem um porém: "Evidentemente, as diretrizes ainda são lançadas por Paris e Roma. A Espanha, por exemplo, conseguiu ficar independente. Se o clima difere da Itália para França, e da Espanha para Itália, imagine da França para o Brasil. Inclusive a constituição física da brasileira é totalmente diferente da europeia."

Ele reclamou também de uma costura brasileira, pobre de inspiração, que ignorava as centenas de coisas onde poderia buscar inspiração: "O folclore é pobre, mas você não precisa exclusivamente se influenciar pelo folclore. Tem música, tem futebol." Para o estilista, a saída seria ter uma câmara onde uma cúpula de costureiros se reunisse para definir as temporadas da moda, e até se as saias seriam abaixo ou acima do joelho, questão que, segundo ele, passa longe do puritanismo. "São muitas vezes interesses econômicos em jogo. Descer o comprimento de uma saia não é capricho do costureiro. É muito mais o interesse das indústrias. Elas têm que vender. E, do jeito que a coisa está indo, com a mini, as mulheres iriam usar só o cós na cintura, e mais nada."

Entretanto, para Clodovil, as grandes marcas e fábricas estrangeiras de tecidos não condicionavam a costura brasileira, tampouco prejudicavam o desenvolvimento da costura no nosso país: "Eu vou à Europa, compro dos revendedores que vendem aos costureiros estrangeiros. Ao mesmo tempo, eu tenho os tecidos que eles têm lá. Pago um preço muito menor que se comprasse aqui. O esquema de servir o costureiro na Europa é muito diferente do esquema daqui. Na Europa há o tratamento, há interesse, há curiosidade. Aqui, não."

Clodovil reclamou da diferença de tratamento que recebia no exterior: "O fabricante pensa que está fazendo favor em vender o tecido para a gente. Lá eles dão o tecido para o costureiro lançar no mercado. Naturalmente que, eu trazendo o tecido de lá, não faço contrabando de modelo, nem contrabando de tecido, pois eu pago alfândega, tudo direitinho, com isso estamos estimulando a indústria brasileira a melhorar. Nós temos os meios de publicidade na mão. Eles são forçados a entrar na nossa."

Ao contrário da situação do estilista no Brasil, o estilista americano ia à Europa, trazia o tecido e não pagava imposto para entrar nos Estados Unidos, porque lá existia isenção. Só pagava imposto quando o modelo era vendido. Foi dessa forma que se estimulou a indústria americana de moda na década de 1970.

Inspirado em exemplos como esse, Clodovil dedicou anos à defesa da criação da Câmara Brasileira de Alta-Costura, pesquisando muito além do que ele chamava de "nível sofá com a piteira". Ele viajou, por exemplo, pelo interior para estudar as fibras e suas diferenças. Afirmava na época que, caso sua ideia não emplacasse para a defesa dos interesses da categoria, em pouco tempo só restaria a eles as bancas das feiras. "Está havendo uma invasão de costureiros estrangeiros no Brasil. Por exemplo, Dior e Cardin levam mensalmente 250 milhões de cruzeiros do Brasil", disse na entrevista à *Fato Novo*.

Ele não se colocava contra a presença de estrangeiros, mas defendia que tivessem os mesmos direitos que os estilistas brasileiros: "Paguem impostos, em vez de tirar o dinheiro daqui. Sejam obrigados a usar aqui. É isso que nós estamos pretendendo. Nós, quando vamos, temos de deixar nosso dinheiro na França, temos que pagar impostos aqui, alfândega etc. Eles têm tudo lá de graça. Vêm pra cá, faturam e voltam sem despesa nenhuma. É difícil organizar, porque todo mundo quer ser vedete."

O relacionamento com as grandes fábricas era outro problema para os costureiros. Clodovil afirmava que a Fenit (Feira Nacional Têxtil Brasileira), criada em 1958 e realizada anualmente no Parque Ibirapuera, em São Paulo, defendia estilistas estrangeiros. O evento, organizado pelo empresário da comunicação e propaganda Caio de Alcântara Machado em parceria com o Sinditêxtil (Sindicato das Indústrias Têxteis), de fato, quase exterminou o espaço dos alfaiates e costureiras no trabalho sob medida. Por outro lado, o setor cresceu não só em faturamento e mão de obra, mas também no número de novas empresas e fábricas.

Para Clodovil, as principais diferenças entre o funcionamento da costura brasileira e os sistemas europeu e americano é que a costura lá era fonte de renda para o país, ou seja, existia interesse do governo em proteger o setor. No Brasil, sobreviver era um desafio diário: "E, como a clientela não entende muito bem o que é realmente alta-costura, acha que está sendo explorada... Um vestido de qualquer costureiro na França custa de mil a 5 mil dólares. Nós não vamos poder cobrar isso. Eles têm toda a matéria-prima de graça."

Sem dar lucro no exterior e muito menos aqui, por intermédio da alta-costura, outros produtos eram vendidos: perfumes, gravatas, tecidos. E com a diferença que na França, por exemplo, a moda era estimulada. "Se eu quiser abrir um atelier na França, eu posso. Mas eu tenho que pagar luvas ao governo, e depois eles mesmos me massacrariam para sair de lá. Eles não querem ninguém que não seja eles mesmos. O negócio é tão fechado que para você entrar na Câmara de Costura Francesa é quase impossível. Principalmente sendo estrangeiro."

Era esse modelo estrangeiro, protecionista, que ele queria trazer ao Brasil. "Há uma porção de coisas que teremos de chupar dos franceses e italianos para aplicar na Câmara de Costura. E também dos americanos." A elite de costureiros de Clodovil teria a função também de separar estilistas renomados e iniciantes. "No Brasil não existe respeito pelo profissional mais antigo."

Clodovil não soube dizer como pediria ao governo a proteção do mercado interno para diminuir a concorrência internacional, mas defendeu a independência dos costureiros em relação às indústrias para que a alta-costura brasileira pudesse ser conhecida no mundo e, enfim, gerar lucro: "A costura é uma nova divisa que está nascendo. Nós poderemos perfeitamente trazer novas divisas para o país. Há muita gente exportando. Mas exportando pela porta da cozinha. Primeiro é preciso que se promova a costura, que é feita para a elite, porque a elite é que promove mesmo. Infelizmente, isso é uma verdade e ninguém vai mudar o mundo. E depois então exportar os produtos."

As intrigas com Dener não ficaram de fora do debate sobre a criação da Câmara de Costura. Sobre o boato de que o rival não apoiaria sua iniciativa, Clodovil logo rebateu: "Eu não estou preocupado com esse ou aquele costureiro. Isso não importa. Quem quiser participe. Quem não quiser, fique por fora, mas depois vai sofrer muito por ter ficado fora. Talvez um ou outro costureiro não queira que a coisa fique séria porque seria então prejudicial para ele mesmo."

O costureiro esbravejava ao dizer que estavam vendendo mais marcas do que trabalho: "É fácil: o negócio é ter conhecimento dentro dos veículos publicitários. Tem muita gente famosa no Brasil que não faz nada. Famosa por isso. Conhece o dono da revista, é publicado. Isso não acontece só na moda, mas em outros setores também."

A entrevista na *Fato Novo* termina com uma afirmação contundente de Clodovil sobre seu tema favorito: "Moda é fundamental." Para os mais incrédulos, ele dizia que bastava observar a história do mundo. Segundo ele, o que havia sido algo entre o luxo e o esnobismo teria se transformado em fonte de dinheiro. Visionário, o estilista projetava um horizonte de inúmeras possibilidades, indústrias de tecido, metalúrgicas e de oportunidades também para chapeleiros, cabeleireiros e escolas de especialização, que não existiam no Brasil. Esse era um dos pontos que Clodovil considerava de maior importância: "A gente tem que fazer escola de especialização. Para quem vai fazer bainha, para quem vai forrar o botão, para costureiro, ajudante de alfaiate." Mas ele defendia que isso só aconteceria a partir da Câmara de Costura.

Clodovil reclamava da falta de seriedade e do deboche que estilistas sofriam, inclusive por parte da mídia, e comparava a situação com a da França, onde os ateliês fechavam no dia de Santa Catarina e desfilavam pelas ruas de Paris, em festa. Para

ALTA-COSTURA, *PRÊT-À-PORTER* E A REVOLTA DAS TESOURAS

ele, uma clara demonstração da união da categoria e do reconhecimento da importância da profissão.

Na avaliação do costureiro, a responsabilidade era dos próprios profissionais, que criaram e difundiram uma imagem caricata deles mesmos: "Quando a gente fala sério numa hora dessas, não se acredita mais." A questão para ele resvalava em sua sexualidade: "O que é que eles querem? Que a gente fale grosso, faça halteres de manhã?", questionou Clodovil. "Tudo era uma questão de sensibilidade. No Brasil se confunde muito uma educação aprimorada com afeminada. Eu não estou me defendendo, não, absolutamente. Eu não devo satisfações a ninguém. Aparece algum novo artista no Brasil, e começam a analisar pelo lado moral: será que ele é, será que não é?"

A luta de Clodovil pela criação da Câmara de Costura não foi nada fácil, e ele acabou derrubado por uma crise de estresse que o tirou de circulação por um breve período em 1976. Durante o afastamento, em uma fazenda em Londrina, no Paraná, entre uma balançada e outra na rede, fez um desabafo à imprensa: "Já não gosto de trabalhar como antes, quando adorava desenhar e criar modelos inéditos." Tudo indicava ser o começo do fim. A moda brasileira andava desvalorizada, e os planos de Clodovil pareciam cada vez mais improváveis. O desânimo era inevitável. As glórias, as conquistas e o título de pioneiro da alta-costura brasileira pareciam naquele momento ser apenas coisas do passado.

Os planos da primeira geração de estilistas que despontaram nos anos de 1960 foram definitivamente atropelados no final da década de 1970 pela consagração do *prêt-à-porter*, e o ideal de instituir uma entidade de alta moda parecia ir também por água abaixo. O jeito, querendo ou não, era ir na onda. Clodovil já tinha percebido isso quando resolveu lançar seus jeans, no início dos anos 1970, com as cores da bandeira (sim, o da propaganda, que tinha um cacho de bananas revestidas de índigo blue). Mas a maré continuou desfavorável para ele e para todos os outros estilistas de sua turma. A principal causa do fiasco era não conseguir controlar as quantidades vendidas, motivo pelo qual costureiros desistiram do segmento de roupas prontas.

"Havia exceções, mas o fabricante brasileiro era, na época, safado por natureza. Vendia cem peças de roupas mas fazia uma nota fiscal de dez. Eu fiz (licenciamento para) chocolates, muitas coisas, e todos me deram calote; fui ficando enjoado... Uma vez, peguei uma fábrica de sapatos em Sapiranga, no Rio Grande do Sul, e resolvi fazer sandálias com salto alto de sola, com efeito de rolotê em couro de várias cores (...). Eram lindos os sapatos. Um dia, cheguei a Nova York e dei de cara com uma vitrine na 5ª Avenida com os meus sapatos. Na etiqueta, estava o nome da loja com Made in Brazil, mas o meu nome não estava lá... Cheguei aqui, fui direto a Sapiranga e desmanchei o contrato. Foi assim também com o chocolate, com tudo... Não adiantava fazer *prêt-à-porter* com a vigarice que era o país", reclamou Clodovil.

Ele reagiu. Lançou uma coleção com as cores verde e amarelo, chamada "Made in Brazil", para enfrentar as grifes internacionais que o atormentavam. Mas foi outro fiasco, aliás o último deles, pois Clodovil colocou um ponto-final em sua carreira como estilista de alta-costura. Nunca mais lançou nada. A vida o chamava para outros mares. Logo foi convidado para a televisão, onde continuou a brilhar.

ALTA-COSTURA, *PRÊT-À-PORTER* E A REVOLTA DAS TESOURAS

O eterno rival Ronaldo Ésper diz que não foi tão afetado pela onda do *prêt-à-porter*. Segundo ele, suas criações apontavam para outros caminhos, ao contrário do que acontecia com Clodovil e Dener, mais inclinados para o clássico, inspirados em Dior: "A minha moda sempre teve um ar totalmente moderno. Eu aparecia muito porque mostrava coisas diferentes, olhava para Pierre Cardin e outros que acabaram de certa forma com a alta-costura."

Por outro lado, Ésper assume de vez uma postura mais crítica em relação ao próprio trabalho e ao de seus colegas: "Não se sabe quando a moda começou no Brasil. A importância de todos nós nesse começo é muito discutível, de nós três ninguém pode dizer quem foi o primeiro, teve antes a tradição das grandes costureiras e das casas Vogue, em São Paulo, e a Canadá, no Rio. O Clodovil se dizia o primeiro porque ele queria estar no centro de tudo."

À margem das passarelas e dos holofotes, Ésper lamenta o momento atual: "Moda hoje é um grande comércio. Terceira ou quarta fonte de renda na França, na Itália, na Inglaterra e até nos EUA onde é muito forte." O costureiro admite que sente saudade do passado cheio de luxo e sonho: "Não existe mais nada como a alta-costura dos anos 1960."

Alta-costura hoje, segundo o historiador de moda João Braga, está restrita a cerca de duzentas clientes americanas, árabes e russas. Ele afirma que só existe em Paris, especificamente no Triangle d'Or, ou Triângulo de Ouro, formado pelas Avenidas Montaigne, Georges V e Champs Elysées. E, na Champs Elysées, apenas o lado esquerdo de quem sobe a avenida. "Na Itália existe a 'alta moda' e, nos Estados Unidos, o 'high fashion', por exemplo."

Para uma marca ser reconhecida como alta-costura, o historiador afirma que é preciso ter uma loja no Triangle d'Or, o seu próprio perfume, um grande salão, uma estética francesa, um contramestre, um assistente do contramestre e ainda ser membro da Chambre Syndicale de la Haute Couture, ou Câmara Sindical de Alta-Costura. "No Brasil, a expressão alta-costura é usada, mas de maneira equivocada. Ainda não inventamos uma expressão que simbolize a moda brasileira."

CAPÍTULO 6

CENSURA, FAMA E CELEUMAS NA TV

"Não tenho paciência com gays, evito olhar muito em espelhos."

Não bastava ser o mais famoso costureiro do país. Clodovil queria mais. Bem mais. Precisava de glamour e fama. O lugar perfeito para isso era a televisão, que ele, a propósito, amava. E deu certo. Para o bem e para o mal. Afinal, sua estreia na telinha marcou o início de um período de muitos altos e baixos, afetos e desafetos, bordões e bordoadas. O estilista bateu muito e apanhou na mesma medida, ou até mais. Conseguiu ser despedido da maioria dos canais por onde passou, e mesmo os mais amigos admitem que várias vezes ele fez por merecer.

Ronaldo Ésper diz que todos eles começaram na moda e na televisão: "Surgimos da TV. Se não fosse ela, não seríamos nada."

Clodovil sempre declarou que adorava trabalhar na televisão, inclusive em suas propagandas políticas: "Que maravilha voltar para televisão! Nem acredito! Pena que seja por tão pouco tempo, né? Quer dizer, agora, mas aguardem depois."

E foi mesmo nas telinhas brasileiras que o estilista se consagrou e virou essa personalidade conhecida até hoje, por diferentes gerações, e muitas razões. No time de fãs se destacam, claro, as mulheres, que o acompanhavam durante as tardes e morriam de rir das barbaridades que ele dizia ao vivo, de seus comentários cheios de acidez e sinceridade. Um público fiel, que o seguiu durante tantos anos de carreira como apresentador. Os mesmos que lhe renderam meio milhão de votos quando concorreu a deputado federal.

Durante o auge da carreira de estilista, Clodovil circulava esporadicamente por programas como o de Hebe Camargo, falando sobre moda, tendências, dando palpites. Entretanto, ver um homossexual na TV, ainda mais dando a pinta que ele dava, era intragável para a ditadura militar casca-grossa de então. Ele, e outros, enfrentaram muito preconceito.

A situação ficou feia mesmo durante a vigência do tenebroso AI-5 (Ato Institucional n. 5), entre 1968 e 1978, quando qualquer forma de veiculação midiática passava pela inspeção de censores da Polícia Federal. Música, programas televisivos, peças teatrais, programas de rádio, cinema, livros e jornais, tudo era avaliado antes de ir a público. Era um inferno. A censura federal não dava descanso. Tanto que chegou a proibir oficialmente, em 1972, os costureiros Dener e Clodovil e o carnavalesco Clóvis Bornay de participarem de programas de TV e até de rádio.

A Polícia Federal desmentiu a notícia sobre a proibição, que foi divulgada por um matutino carioca, mas nos bastidores se sabia que a censura havia feito recomendações contundentes e severas às emissoras para que impedissem imediatamente a exibição dos dois e de "tipos similares" (leia-se, outros gays) na TV. E o mesmo recado, em *off*, foi dado para as rádios.

A imprensa não deu corda ao caso para evitar polêmica. As emissoras calaram o bico e obedeceram às restrições impostas. A solicitação para retirar os gays de cena veio inicialmente da Delegacia da Censura de São Paulo, mas depois passou a valer para todo o país. A ordem era não permitir a apresentação de elementos de comportamento duvidoso na TV. O primeiro a dançar foi Clóvis Bornay, então jurado do *Programa Silvio Santos*.

Oficialmente, censores continuaram a declarar que não existia qualquer ato formal proibindo a apresentação de Dener, Clodovil ou Bornay na TV, mas apenas uma recomendação para que emissoras não exibissem tipos como eles.

Do trio de indesejáveis (como chegaram a ser chamados pela imprensa da época), Clodovil foi o único que não se rendeu à repressão. E teve peixe grande comprando a briga do estilista. Foi o caso de Chacrinha. O programa do Velho Guerreiro, onde o costureiro era jurado, colocou Lúcio Mauro em seu lugar, carimbado com o apelido de "antiClô", mas o apresentador pediu que autoridades reconsiderassem a medida.

Bornay, que trabalhava no Museu Histórico, antecipou suas férias e se mandou para uma fazenda no interior do estado do Rio de Janeiro. Dener se exilou em sua mansão no Pacaembu. Um protesto chegou a ser feito em frente ao Canal 4, no Rio de Janeiro, também conhecido como Rede Globo, inaugurada em 1965.

A manifestação pedia o retorno de Dener ao *Programa Flávio Cavalcanti*, exibido pela emissora, aliás o primeiro a adotar o júri artístico na televisão brasileira, modelo copiado por muitos apresentadores e que faz sucesso até hoje. Para infelicidade do costureiro, Flávio era um apoiador declarado da ditadura.

A campanha antigay na TV tinha a adesão de jornalistas, e em Belo Horizonte ganhou força entre senhoras que decidiram sair em defesa daquela conhecida lenga-lenga: moral, bons costumes, família e outros blá-blá-blás. Chegaram a mandar uma carta pedindo "a imediata saída desses homens indecorosos e indesejáveis de nossas salas de visitas".

A perseguição teve bases pelo Brasil afora. Antes de a censura aos "indesejáveis" se tornar um fato em São Paulo, em Natal, no Rio Grande do Norte, o assunto rendeu discussões na Câmara Municipal, com grande adesão popular, em torno de um requerimento contra a presença do costureiro Dener no *Programa Flávio Cavalcanti*. O autor da reclamação não foi surpresa para ninguém: o líder da Arena, partido dos milicos, o vereador José Antonio. O sujeito queria que a Câmara Municipal enviasse um apelo diretamente ao então ministro da Educação e Cultura, coronel Jarbas Passarinho. Também deveria ser feito um protesto no ar durante o programa.

O vereador, no entanto, deu com os burros n'água e, inconformado, se lamentou nos jornais: "Só seis vereadores ficaram do meu lado. Os outros ficaram com medo de que o Dener depois dissesse pela televisão que a Câmara Municipal de Natal era um lixo." Depois da notícia da proibição, porém, ele voltou à imprensa para cantar vitória: "O Brasil precisa de mulheres bem femininas e de homens bem homens para garantir seu futuro. Com seus gestos e atitudes femininas, o costureiro dava à televisão brasileira um sentido cômico, licencioso e ridículo. Uma escola de formação de anormais."

Felizmente, a perseguição acabou em pouco tempo, produzindo o efeito contrário ao desejo dos militares e pseudomoralistas em geral. A popularidade da televisão não parava de crescer. A transmissão gloriosa da vitoriosa Copa do Mundo do México, em 1970, foi um estrondoso sucesso. Dois anos depois, com a chegada das cores ao aparelhinho, o furdúncio aumentou ainda mais. Havia quem trocasse a mãe ou a sogra por um Semp, o primeiro televisor em cores fabricado no Brasil. Nesse período, 27% das residências já estavam equipadas com o cobiçado aparelho. De olho na crescente audiência dos programas, a publicidade começou a ir em peso para as estações de TV.

Diante da soberania da audiência, os censores foram vencidos pelos pedidos do público. Foram tantos que as emissoras tiveram que trazer de volta os três polêmicos. As figuras indesejáveis se tornaram as maiores vedetes da televisão brasileira. "Embora eu seja o maior costureiro do Brasil com fama internacional, devo à TV a minha popularidade em todo o Brasil. Cada lugar que chego é uma festa, um luxo", declarou Dener à imprensa na época, com sua particular falta de modéstia.

No caso de Clodovil, a transição do mundo da moda para a televisão não foi na sua estreia na Globo, no antológico programa feminino *TV mulher*, em 1980. Sua nova fase, e a mais importante na construção do personagem lembrado e adorado até hoje, começou mesmo em 1976, quando o estilista passou treze semanas no programa *8 ou 800*, que era transmitido ao vivo, na mesma emissora, todos os domingos, às sete da noite.

Liberado da censura, o estilista respondeu perguntas sobre Dona Beja, uma histórica e corajosa mineira que viveu no século XVIII e desafiou a sociedade conservadora da época, se entregando a todos os homens que desejou. Um de seus amantes teria sido Dom João I. Entre outros feitos, ela se tornou uma poderosa dona de bordel em Araxá.

Clodovil respondeu a todas as perguntas e se tornou uma celebridade ainda mais conhecida. Ganhou capas de revistas, entre elas a badalada *Manchete*. O motivo para tanto? O estilista esbanjou um gigantesco e apurado conhecimento sobre a personagem em questão e seu contexto histórico, com uma riqueza impressionante de detalhes. O rapaz foi muito, muito além mesmo. E revelou que, mesmo com pouca experiência na TV, já tinha muita intimidade com o negócio.

"Sempre soube que televisão é imagem", diz Clodovil. "Percebi logo que só daria certo em um programa como o *8 ou 800* se não me preocupasse apenas com o que iria responder. Tinha que pensar também na roupa, nos gestos, na maneira de olhar para o público", disse o estilista em reportagem do jornal *Folha de S.Paulo*, na década de 1990.

Segundo ele, até quando caminhava em cena os seus movimentos eram cuidadosamente planejados. Ao andar, ele pisava primeiro com as pontas dos pés. "Só depois encostava o calcanhar no chão. Com o movimento, meu cabelo — que era comprido e liso — balançava de um jeito peculiar, perfeito para o vídeo."

E a coisa não parava por aí. Mesmo que as respostas estivessem na ponta da língua, ele nunca entregava fácil. "Tentava criar um certo suspense. Punha as mãos fechadas entre os olhos, como se estivesse rezando, e pensava durante alguns segundos." Tudo isso, jurava Clodovil, não vinha das instruções dos produtores. Tudo era pura intuição.

Como é de praxe nesses programas, quando a disputa se aproximava do fim e Clodovil estava quase botando a mão na bolada, o apresentador Paulo Gracindo perguntou se ele seguiria até o prêmio máximo ou parava. Clodovil se dirigiu à mãe que desde a morte do pai em meados de 1960, morava com ele em São Paulo e que naquele dia estava no auditório, e lhe disse que só continuaria se ela prometesse não ter um piripaque caso perdesse: "Você é quem sabe, meu filho", disse ela, apoiada pelo público.

Ele mostrou talento também ao aproveitar os holofotes e a audiência para enfatizar seu recado: "Levei minha mãe para mostrar que estilista também tem família, que não é marginal nem passa a vida em saunas ou boates gays. Aliás, só aceitei participar do programa porque queria melhorar a imagem de minha profissão, sempre tão cercada de preconceitos."

Clodovil abusou o quanto pode na performance, mas mostrou saber tanto sobre a personagem mineira que se tornou referência no assunto. O costureiro foi umas das principais fontes do jornalista e escritor Carlos Heitor Cony quando ele, então superintendente de teledramaturgia da Rede Manchete, pesquisava a vida da corajosa mulher de Araxá, história que inspirou a novela *Dona Beja*, com a protagonista interpretada por Maitê Proença, levada ao ar em 1986. Foi um dos raros momentos em que a Globo teve uma concorrência de respeito no horário das novelas.

Quem fez a ponte com o costureiro foi o diretor da novela, Herval Rossano. Cony afirmou que ficou deslumbrado com o conhecimento de Clodovil sobre a personagem: "Revelou cultura não apenas sobre a vida de Dona Beja, mas sobre a virada do século XVIII para o XIX, incluindo a tentativa da criação do Estado do Triângulo Mineiro, que colocou aquela província em litígio com a corte de dom João VI."

Segundo Cony, muito do que apareceu na novela veio das informações trazidas por Clodovil sobre cenários, vestuários. Isso vale até para a cena (um tanto ousada para a época) em que Maitê Proença passeia nua em cima de um cavalo na noite de Araxá.

É claro que a passagem pelo programa *8 ou 800*, como não poderia deixar de ser, não terminou sem confusão. Ele faturou o prêmio máximo de oitocentos mil cruzeiros (algo que hoje equivaleria a seis mil reais). Na segunda-feira seguinte, hora de colocar a mão no dinheiro, quando chegou ao local do pagamento, uma agência do grupo Delfin, maior caderneta de poupança do país, na esquina da Rua Jardim Botânico com a Lopes Quintas, no Rio de Janeiro, encontrou um valor menor que o anunciado e não gostou nada disso.

O prêmio foi depositado pela Rede Globo numa conta de poupança, em nome de Clodovil, com um desconto de trinta por cento, relativo ao imposto de renda. O recibo mostrava 566 mil cruzeiros (ou cerca de quatro mil reais). O estilista virou uma arara, se recusou a receber o dinheiro e sumiu de circulação. Armou-se uma celeuma envolvendo o grupo Delfin, que patrocinava o programa e pagava o prêmio, e a emissora. Para a imprensa, era mais uma pauta polêmica, agora televisiva, envolvendo o controvertido costureiro.

Segundo os jornais da época, diretores da TV e da financeira começaram a negociar com o costureiro, sabe-se lá por quê, "compensações por fora". Isso apesar de a equipe de produção do programa ter afirmado que o contrato assinado por Clodovil com a Rede Globo, sobre a participação no programa *8 ou 800*, informava sobre possíveis descontos.

No tal documento, um parágrafo único declara que "correrão por conta do candidato todas as taxas ou tributos de natureza pessoal que, porventura, incidam sobre o prêmio". Apesar de Clodovil ignorar o fato, os 566 mil, por causa do desconto de trinta por cento, obedeciam à nova legislação do imposto de renda. Para Clodovil, porém, tratava-se de uma armação do Grupo Delfin, embora funcionários da Rede Globo tivessem informado que a financeira era apenas um agente pagador e que a quantia depositada estava correta.

A desconfiança talvez estivesse baseada no primeiro prêmio pago pelo *8 ou 800*, que também sofreu desconto do imposto de renda, mas de oito por cento. O dinheiro foi pago ao diretor do Jardim Zoológico de São Paulo, Mario Autuori, que respondeu sobre formigas saúvas. Só que possivelmente lhe passou despercebido o fato de, meses depois, uma nova legislação estabelecer que sobre ganhos acima de quarenta mil cruzeiros incidiria um desconto de trinta por cento.

O Grupo Delfin se defendeu: "Enquanto ele não resolve o que faz, o dinheiro fica aqui, ganhando juros e correção monetária", disse o gerente da agência que protagonizou o quiproquó.

"Se não pagarem os oitocentos mil (cruzeiros) 'redondos', vai ficar tudo lá, respondeu o estilista."

Se Clodovil pudesse "ver o futuro", suas desconfianças seriam ainda maiores. Menos de uma década depois do imbróglio com Clodovil, em 1984, o Grupo Delfin, que também atuava no setor de investimento imobiliário, faliu, após uma reportagem que denunciou um acordo fraudulento para pagamento de uma dívida bilionária com o extinto BNH (Banco Nacional de Habitação), que, também atolado em denúncias de fraudes, foi extinto dois anos depois, em 1986.

Mas no caso envolvendo o costureiro, o grupo parece mesmo que não teve nenhuma culpa. O diretor-superintendente da Delfin, Ronald Levinsohn, foi à imprensa esclarecer que a empresa patrocinava o programa, mas não pagava os prêmios. Quem pagava era a Rede Globo: "O que nós pagamos à emissora é o patrocínio à transmissão para o Rio, São Paulo e Brasília de quatro comerciais de trinta segundos cada um, inseridos no programa", disse. Clodovil alegava não ter assinado nada nem recebido o dinheiro, mas que também não se interessava por isso, e sim em mudar a imagem do figurinista brasileiro: "Por isso fui responder sobre Dona Beja." O estilista disse ainda que não ia brigar, porque não precisava do dinheiro. Mas revelou o que talvez explicasse sua súbita resignação: ele anunciou que a Rede Globo estava interessada em contratá-lo e que aceitaria. E afirmou ainda que ele é quem decidiria o que fazer, adiantando que não lhe interessavam novelas ou programas humorísticos.

Pouco antes do Carnaval daquele mesmo ano, Clodovil viajou a Olinda, em Pernambuco, e sentiu na pele os efeitos das aparições na Globo. Reconhecido, foi carregado nos ombros por quase um quarteirão por uma população histérica. No mesmo ano, 1977, foi chamado para uma campanha publicitária da marca de lingerie Valisère. Abocanhou um cachê de quatrocentos mil cruzeiros e ficou ainda mais famoso, desta vez, por repetir a frase: "Se eu fosse você, só usava Valisère." Três anos depois, sua previsão se confirmou. Em 1980, a Globo chamou o estilista para um quadro de moda no recém-criado *TV mulher*.

CAPÍTULO 7

FOGUEIRA DAS VAIDADES

"Sou feito cachorrinho. Passa a mão nas minhas costas que eu já abano o rabo."

Na década de 1980, durante sua transição das passarelas para a televisão, depois do sucesso com a lingerie da Valisère, Clodovil ganhou espaço em outras propagandas. "Adorei. Fazer comercial de televisão para mim foi glorioso. E o mais importante de tudo é que faturei horrores. Vou até passar o réveillon em Londres", disse à imprensa.

O estilista, que havia penado por um tempo com a perseguição da censura, vivia uma merecida fase de glória. E no caso da propaganda não fazia média, ao contrário da conhecida exigência em seu trabalho na moda. De sutiã a sabão em pó, segundo ele, topava o que viesse. O importante era faturar.

Publicitários contaram depois como fizeram para evitar que a censura voltasse a criar problemas: "Tiramos um pouco da naturalidade de Clodovil. Ele até apareceu um pouco duro nos filmes." Clodovil parecia não se importar com a artimanha. "O artista tem que aprender sempre", comentou.

No rico mundo da publicidade ele também atuou fazendo produção de figurinos, como em uma campanha dos cigarros Chanceller, que vendia uma imagem de elegância, luxo e sofisticação. Clodovil criou quatro modelos para o comercial, todos utilizando cores da marca: branco, azul-claro e azul-marinho.

Para as cenas noturnas, apresentou um corpete tomara que caia em seda pura, com detalhes em cetim. As saias sobrepostas em tule tinham detalhes em cetim. Outro modelo para as filmagens foi um chemise em seda pura branca com recorte nos quadris e a cintura marcada por uma faixa no mesmo tecido.

Ele também desenhou um conjunto para um filme, que incluía um casaco de tussor azul-marinho com debruns brancos, gola careca e saia em seda pura. O último modelo, um chemisier em seda pura, seguia uma tendência: cintura marcada, ombros no lugar e cores mais sóbrias. Os trajes masculinos também levaram a assinatura de Clodovil.

Mas tudo isso foi só um aquecimento. A decolagem para a projeção nacional e o estrelato aconteceu, de fato, no dia 7 de abril de 1980, quando Clodovil estreou como apresentador no *TV mulher*, da Rede Globo, apresentando um quadro sobre moda. O programa, idealizado pelo Boni e com direção de Nilton Travesso, ia ao ar todas as manhãs, de segunda a sexta-feira, a partir das oito horas. Apresentado pelos jornalistas Marília Gabriela e Ney Gonçalves Dias, tinha quadros com outros participantes também, como Marta Suplicy, que dava conselhos sobre a vida sexual.

Apesar do processo de abertura política — que começou timidamente em 1974 e se arrastou por mais de uma década até a Constituinte, em 1988 —, naquele início de 1980 a ditadura militar, ainda que menos agressiva, não perdia uma chance de vetar alguma coisa. E no *TV mulher* foi a vez da Marta ser vítima da censura em seu quadro diário.

Além do veto ao quadro sobre comportamento sexual, outro, sobre polícia, apresentado pelo repórter Afanásio Jazadji, também dançou. O jeito foi o *TV mulher* mudar seu esquema. Por ironia, Clodovil, antes censurado, ganhou mais três minutos, cobrindo os buracos da participação de Marta. Ele dava dicas de estilo, desenhava vestidos e comentava as tendências da moda no quadro que levava seu nome.

O programa esteve no ar entre 1980 e 1986 e ficou famoso por abordar temas espinhosos como sexo e emancipação feminina. Em 2016, o *TV mulher* ganhou nova temporada, com dez edições, no Canal Viva, apresentado pela ex-âncora do programa original, Marília Gabriela. Na estreia, recebeu a cantora Maria Rita, filha de Elis Regina, considerada madrinha do programa pelas entrevistas históricas e por dar voz e estilo à trilha de abertura, "Cor de rosa-choque".

"O programa foi uma grande novidade na época, chegou em um momento de protagonismo feminino, como agora. A gente discutia o preço da feira, falava de sexo descaradamente e dos direitos da mulher", comentou Marília durante um evento de apresentação da nova temporada para a imprensa em São Paulo.

Mas a fama do estilista polêmico não foi alavancada pelo conteúdo de sua seção de moda, e sim pelas confusões nas quais se envolvia, várias delas com Marília. "Tive problemas com o Clodovil", disse ela ao site de Aguinaldo Silva (autor de novelas de sucesso como *Senhora do destino*). "Foi uma inimizade terrível. Ele era muito cruel."

Ela reconheceu que nem tudo foram problemas: "Ele era divertido e tinha talento; era um estilista sensacional, tinha o dom da palavra, mas teria sido melhor se não fosse tão cruel." Segundo Marília, Clodovil era capaz de atitudes perversas devido à sua necessidade de protagonismo.

"Ele era um dos participantes, tinha cinco, dez, quinze minutos, mas se sentia o dono do programa e agia como tal", a jornalista conta, na entrevista, que o clima entre eles, que já era ruim, piorou quando ela foi convidada pela Globo para fazer um especial que levava seu nome, *Marília Mulher Gabriela*, onde recebia convidados e cantava com eles. No programa, exibido em julho de 1982, a jornalista ainda posou para a fotógrafa Vânia Toledo, autora de um livro de fotos de homens nus.

Além de cantar com os artistas, ela entrevistou Caetano Veloso, um dos fotografados no livro, e perguntou sobre o fato de ele ter posado nu. Depois, atendendo a um pedido de Marília, os dois cantaram a música "Tomara", feita especialmente para ela.

No especial, Marília também conversou com Erasmo Carlos e Milton Nascimento, com quem cantou "O que é, o que é", também a pedido dela. Milton é o compositor, em parceria com Fernando Brant. "Foi um programa lindo, importante", contou a Aguinaldo Silva. E isso, segundo ela, teria irritado muito Clodovil.

"Clodovil gostava muito de cantar, aquilo deu uma raiva enorme nele, ele era despudorado, tentava me derrubar no ar, dizia coisas, ninguém controlava." O público gostava, por isso a situação foi se estendendo, porque a direção deu corda. "Não acreditava que estava passando por aquilo. No começo, quando ele entrava em cena, eu tinha um tempo para sair, depois ele impôs que não faria se eu não ficasse."

O jornalista Ney Gonçalves Dias, que também participou dos novos programas da *TV mulher*, disse à imprensa: "O Clodovil e a Gabi eram inimigos mortais. Um tinha ódio do outro. Um metia o pau no outro." Na ocasião, ele também falou sobre o pioneirismo do programa e comentou o veto ao quadro de Marta Suplicy: "Ela falava de pênis, vagina, coisas que nunca tinham sido ditas na televisão. Teve um dia que a censura veio pra cima e eu tive que ir na casa dela com o Roberto Irineu Marinho (então presidente do Grupo Globo) para ver educadamente se ela podia maneirar."

O espaço de Clodovil, por incrível que pareça, era o mais leve. Além das dicas de estilo, dos vestidos que desenhava e dos comentários sobre modelitos em alta, também entrevistava personalidades do mundo fashion, como a primeira modelo negra do Brasil, Luana de Noailles, o figurinista norte-americano criador do bolero, Geoffrey Beene (morto em 2004), e o estilista George Henri.

Clodovil também era consultado por telespectadoras, que enviavam cartas interessadas em dicas de trajes para ocasiões especiais, que ele lia no ar. Esse público, de mulheres mais pobres, que não tinham dinheiro para renovar o guarda-roupa a cada estação, se tornou o alvo do estilista, que sugeria ideias para reaproveitar peças antigas, provando que a moda independe da classe social.

O quadro foi exibido no *TV mulher* até 1983, mas não com Clodovil. Ele foi substituído por Ney Galvão em 1982. O motivo? Apesar de sua fama ganhar escala nacional e de ele rapidamente ter se tornado um dos mais queridos do público, em grande parte pela performance explosiva, os confrontos com Marília Gabriela e o relacionamento ruim com os outros colegas o aborreciam. Desgastado, irritado, o estilista resolveu pôr um ponto-final na relação. Pediu demissão.

CAPÍTULO 8

AUDIÊNCIA, FALTA DE PACIÊNCIA E MAIS UMA DEMISSÃO CONTURBADA

"Vocês acham que eu sou passivo? Pisa no meu calo para você ver..."

Depois de sair da Globo, em 1983, Clodovil recebeu um convite bem especial da Rede Bandeirantes. Para ser mais específico, de Roberto Talma, então diretor de programação da emissora. O fato de voltar à telinha sem ter por perto os desafetos do *TV mulher*, principalmente de Marília Gabriela e de Marta Suplicy, já seria motivo de sobra para o estilista — e agora também apresentador — saltitar de alegria. Mas era bem melhor que isso.

Exibido à noite na emissora paulista, com entrevistas e atrações musicais, o programa foi comandado por ele e ainda levava o seu nome. Entre os convidados muita gente conhecida passou por lá, de políticos a artistas: Paulo Maluf, Mário Covas, Sidney Magal e a amiga de longa data, Hebe Camargo.

A amizade com a Hebe, cabe acrescentar, começou em um programa de TV onde ele apresentou um desfile, e essa amizade foi uma das poucas que durou a vida toda. Ele mais de uma vez comentou que a Hebe tinha sido a primeira pessoa a chegar ao hospital quando sua mãe faleceu, em 1986. Amigos garantem que Clodovil — apesar de algumas piadas e comentários ácidos sobre a apresentadora — tinha muito carinho e afeto por ela.

Antes da estreia, amigos relatam que, apesar da fama que já tinha como estilista e apresentador no *TV mulher*, Clodovil parecia um menino assustado e tímido. Na época, ele ensaiava a peça *Seda pura e alfinetadas*, escrita sob encomenda pela dramaturga Leilah Assumpção e dirigida por Odavlas Petti e Francisco Azevedo, amigo de Clodovil que depois assumiria a direção-geral, quando o espetáculo começou a excursionar pelo Brasil.

Num desses ensaios, Clodovil chegou a mostrar, em um pequeno gravador, uma reunião que tivera na Band. Nesse dia, Francisco, que já o dirigia no palco, tinha sido convidado para ser o diretor-geral do programa. Mas a vida por lá não era um mar de rosas. O jornalista Cláudio Nóvoa, que foi produtor da atração, conta que o dia a dia era estressante.

Cláudio lembra que foi uma produção muito tumultuada, a começar pela vinheta de abertura, gravada em Ubatuba. Segundo ele, a questão era que Clodovil não gostava de gambiarras, nem de esperar que as câmeras e a luz estivessem prontas, e queria a infraestrutura da Globo. Mas a Band não tinha, nem tem. O programa era comandado por Clodovil, mas por trás dele estava o tempo todo Francisco Azevedo. Tudo o que Clodovil dizia no ar era escrito pelo diretor e amigo, aliás, o único que gritava mais que ele, e uma das poucas pessoas que o estilista respeitava.

Sempre que Clodovil ameaçava dar um piti, Azevedo esbravejava algo como: "Escute aqui, eu não sou seu empregado, muito menos uma dessas pessoas com quem você costuma conseguir o que quer na base do grito. Ou você baixa a bola ou eu largo tudo."

Em 2006, depois de um período de hiato na amizade, Azevedo foi ver Clodovil no palco, dessa vez sem sua direção. Ele interpretava personagens femininos, de terninho e meia arrastão, na peça *Eu e ela*. O ex-diretor-geral do programa na Band ficou emocionado quando, em cena, o estilista contou que, se era um artista consagrado, devia isso cem por cento a ele. Mas depois, no camarim, deu a Clodovil várias dicas para melhorar a peça, que tinha achado um horror. O espetáculo chegou a ser eleito o maior "vexame cultural do ano" pelo jornal *Folha de S.Paulo*.

Já com o diretor de programação da Band, a paciência de Clodovil não era nem de longe a mesma que tinha com o amigo de longa data. E a temperatura nos bastidores não demorou a subir. As brigas com Roberto Talma eram frequentes. O motivo era invariavelmente o mesmo: Clodovil queria um programa padrão Globo, mas tinha um padrão Band.

Mesmo assim a audiência era boa: a atração ficava em terceiro, às vezes em segundo lugar. Com pouco mais de um ano no ar, Clodovil saiu da sala do diretor andando a passos largos e pesados pelos compridos corredores da sede da emissora. Talma saiu atrás dele, gritando que ainda não tinha terminado. No dia seguinte, Clodovil decidiu chutar o balde. Pediu demissão, dando por encerrado mais um capítulo de sua já conturbada carreira televisiva.

Mas Clodovil não demoraria a voltar para a telinha. Um novo cenário começava a se desenhar no sedutor universo televisivo, favorecendo seu breve regresso. Em 5 de junho de 1983, num domingo, entrava no ar a Rede Manchete de Televisão, com a promessa de se tornar uma das principais emissoras do Brasil. Logo no dia da estreia, o novo canal liderou a audiência, cravando 29 pontos e ultrapassando a Rede Globo.

Alguns meses depois, às três da tarde do dia 23 de janeiro de 1984, Clodovil estreava na nova emissora, comandando o programa de entrevistas e variedades, o *Manchete Shopping Show*. Outros famosos assinaram contrato com a casa, que oferecia uma programação marcada por ousadia e inovação. A rainha dos baixinhos, Xuxa, já famosa como modelo, começou sua carreira televisiva por lá, à frente do *Clube da criança*, que ia ao ar logo após o estilista.

O amigo Francisco Azevedo ficou na Band e passou a comandar o programa de Hebe Camargo, transmitido ao vivo nas noites de domingo. Depois de alguns anos, já doente renal crônico, passou a ser redator do programa de Clodovil na RedeTV e levou para lá a atriz Vida Vlatt, que, interpretando a desbocada empregada Ofrásia, deu novo ânimo para a atração protagonizada pelo estilista.

CAPÍTULO 9

"TIREM ESSE VIADO DO AR!"

*"O verdadeiro homem mostra que é
homem na vida, não na cama."*

O investimento da Rede Manchete foi alto, dizem que algo em torno de cinquenta milhões de dólares, mas não foi o bastante para evitar que a emissora fechasse as portas após diversas crises, que levaram ao seu fim precoce em 1999. Antes de isso acontecer, Clodovil comandou alguns programas por lá em duas passagens pela casa.

Ele, que já havia sido um farol da moda, avançava cada vez mais na televisão. Em 1985, um ano após estrear com o *Manchete Shopping Show*, uma atração vespertina de variedades com formato bem parecido com o do *TV mulher*, começou a apresentar no canal o *De mulher para mulher*.

Em 1986, seu terceiro ano na casa, Clodovil ganhou um novo programa, novamente dirigido por Nilton Travesso, uma coprodução da Manchete com uma produtora externa, o *Clô para os íntimos*. Ia ao ar todos os dias das 13 às 15 horas, com dicas de beleza, moda, decoração, culinária e entrevistas.

Antes da estreia, Clodovil aparecia na chamada avisava os telespectadores sobre o que viria: "Nós faremos o programa sempre pra cima, pro alto, tentando mostrar pra vocês coisas muito bonitas e com muita frescura, porque de frescura eu gosto e faço questão, aliás. Entendeu? Mas de uma maneira saudável, não aquela frescura doente, que é um outro departamento."

O programa fez sucesso, e o estilo de Clodovil, mais ainda. Tanto que o humorista Agildo Ribeiro começou a satirizá-lo com o personagem "Clô Clô" em seu programa semanal da TV Bandeirantes. Tudo ia bem, só que não por muito tempo.

O fim da ditadura trouxe consigo muitas dores de cabeça. Na promulgação da Constituição Federal, em 1988, ao vivo, Clodovil incomodou gente poderosa ao criticar o processo de transição política que mobilizava o país.

Para a Constituinte ser aprovada, interesses estavam sendo contrabandeados, e Clodovil se indignou. Encarando a câmera ao vivo, disparou a pergunta: "O Congresso está votando na Constituinte ou na prostituinte?" O comentário não agradou nada o então presidente da Câmara dos Deputados, Ulysses Guimarães, filiado ao PMDB, que também presidia a Assembleia Constituinte, criada um ano antes com a missão de pôr fim à ditadura militar e trazer de volta a tão sonhada democracia.

Segundo Clodovil, em entrevista concedida em 2003 ao programa *Provocações*, apresentado por Antônio Abujamra na TV Cultura, o presidente da Câmara ligou para o presidente da TV Manchete e mandou o seguinte recado, objetivo e sucinto: "Tirem esse viado do ar!" A ordem do político para que o estilista e apresentador fosse demitido da emissora foi confirmada

Recém-chegado a São Paulo, Clodovil apresenta modelo durante uma palestra, em agosto de 1961. (Acervo UH/Folhapress)

Clodovil, em 1962, começa a experimentar o gostinho da fama após faturar os primeiros prêmios na moda. (Acervo UH/Folhapress)

Clodovil ajusta roupa em modelo, fevereiro de 1963. (Acervo UH/Folhapress)

Clodovil durante entrevista em 1969. (Claudomiro/Acervo UH/Folhapress)

Da esquerda para a direita, o estilista Dener Pamplona de Abreu, a modelo Marilda Malheiros, o empresário Aparício Basílio e o estilista Clodovil, durante encontro de moda. (Folhapress)

Clodovil posa ao lado de modelos que vestem a coleção primavera-verão de sua grife em 1971. (Acervo UH/Folhapress)

O escritor Nelson Motta, a atriz Marília Pêra e Clodovil, em 1972. (Acervo UH/Folhapress)

Elke Maravilha durante desfile de coleção de Clodovil em 1972. (Acervo UH/Folhapress)

Elke Maravilha desfila outro modelo da coleção de Clodovil em 1972. (Acervo UH/Folhapress)

Clodovil durante entrevista ao jornal *Folha de S.Paulo*, em 1982. (Ovidio Vieira/Folhapress)

Clodovil Hernandes em seu ateliê em São Paulo, 1982. (Gil Passarelli/Folhapress)

Clodovil posa em seu ateliê em São Paulo, 1982. (Gil Passarelli/Folhapress)

Em 1992, Clodovil apresentava o programa *Clodovil abre o jogo*, na Rede Manchete. (Luiz Carlos Murauskas/Folhapress)

Clodovil descontraído durante sessão de fotos no jardim do prédio onde morava, no Ibirapuera, em São Paulo. Em 2006, Hernandes enfrentava uma crise financeira e voltava ao teatro com o espetáculo *Eu e ela*, de autoria própria, no Teatro Brigadeiro. (Eduardo Knapp/Folhapress)

O deputado federal Clodovil Hernandes, durante entrevista na Câmara dos Deputados, maio de 2007. (Alan Marques/Folhapress)

Clodovil na porta de seu gabinete na Câmara dos Deputados, em 2007. (Sérgio Lima/Folhapress)

Clodovil mostra a decoração de seu gabinete na Câmara dos Deputados, com um quadro com seus cachorros, o brasão da República nas almofadas e a cobra Marta como pé de mesa, abril de 2007. (Sérgio Lima/Folhapress)

O deputado Clodovil Hernandes, à época recém-filiado ao PR, durante missa em homenagem à mãe, na igreja Dom Bosco, em Brasília, setembro de 2007. (Ueslei Marcelino/Folhapress)

O estilista e deputado federal Clodovil Hernandes discursa no plenário da Câmara dos Deputados no dia do seu aniversário, em 2008. (Sérgio Lima/Folhapress)

Fãs e amigos do deputado federal Clodovil Hernandes acompanham enterro, no cemitério do Morumbi, na zona sul de São Paulo, em 18 de março de 2009. (Ayrton Vignola/Folhapress)

Concorrido e com direito a tumulto, leilão de móveis e objetos de Clodovil, em 2012, arrecadou mais de 370 mil reais. (Zanone Fraissat/Folhapress)

pelos jornais que noticiaram o fato. Logo após o programa, Ulysses Guimarães teria telefonado para Adolpho Bloch pedindo a demissão do apresentador. E foi atendido. No dia seguinte, ele estava fora do canal.

Alguns anos depois, com o agravamento da crise na Rede Manchete, no início de 1992, Adolpho Bloch começou a procurar um comprador para a emissora. O Grupo IBF (Indústria Brasileira de Formulários), do empresário Hamilton Lucas de Oliveira, que tinha feito fortuna com a impressão de raspadinhas, entrou no circuito.

A negociação durou alguns meses, e em junho a venda foi anunciada. Para centenas de funcionários da emissora, foi uma péssima notícia: 670 deles foram demitidos. Para Clodovil, entretanto, os ventos pareciam soprar a seu favor novamente.

Quatro anos depois da demissão, mais exatamente em 4 de julho de 1992, Clodovil voltou ao ar na mesma Rede Manchete, agora comandada por outro grupo empresarial. O novo programa chamava-se *Clodovil abre o jogo* e era um talk show com música e entrevistas.

Foi nele que um de seus mais famosos bordões começou a fazer sucesso: "Olha para a lente da verdade e me diz." A frase era dita durante a entrevista, antes de perguntas inesperadas ou indesejadas.

Porém — e a carreira de Clodovil teve muitos poréns —, o novo programa durou menos de um ano. Em maio de 1993, o polêmico apresentador disse adeus novamente à Manchete, em meio a um imbróglio jurídico que envolvia os antigos e os novos donos da emissora. Em 1994, a Bloch Editores organizou as finanças, se reestabilizou e voltou ao controle do canal.

Sem muita demora, ele ganhou um espaço na Rede CNT (Central Nacional de Televisão), de Curitiba, com um programa idêntico ao da Manchete, sob o nome *Clodovil frente e verso*. E já no ano seguinte, em 1994, mais uma vez a polêmica entrou em cena.

Durante uma entrevista com Adriane Galisteu, ele questionou a sexualidade de Ayrton Senna e quis saber como era sua performance na cama. Para piorar um pouco o clima, Clodovil disse também que, no funeral, a família do piloto teria tratado a atriz e apresentadora como uma "rameira". O adeus à CNT aconteceu em 1996. Seu último programa na emissora foi o *Retratos*, que não deu muito certo e foi cancelado.

Não foi apenas pela Rede Manchete que Clodovil passou duas vezes. Em 1998, a saga televisiva prosseguiu, com outra temporada pela Bandeirantes, apresentando o *Clodovil Soft*, que ficou no ar por apenas dois meses. O motivo: ele decidiu alfinetar Adriane Galisteu novamente. O problema é que ela era garota-propaganda e dona de uma marca de sopas que patrocinava o programa. Após o ocorrido, ela retirou o patrocínio, e o apresentador foi — outra vez — demitido. Clodovil responsabilizou a moça por sua mais nova demissão.

A mágoa com a atriz durou anos. Em 2000, quando Galisteu foi contratada por Silvio Santos, Clodovil não perdeu a oportunidade de tecer comentários sobre o salário que ganharia no SBT — segundo ele, alto demais para ela. A trégua só viria dez anos depois da alfinetada na Band. Pouco antes de sua morte, com a saúde abalada por causa de um câncer na próstata, ele passou a querer passar tudo a limpo e a resolver desafetos passados. Nessa época, Clodovil aceitou dar uma entrevista para Adriane.

Em 2014, ela participou do *Domingo legal*, no SBT, apresentado por Celso Portiolli, em um quadro em que o convidado atirava tortas em fotos de celebridades, geralmente pessoas com as quais houvesse tido desentendimentos no passado. "Neste aqui eu quero saber se você vai dar uma tortada ou não. É o Clodovil. Ele perguntou pra você sobre o desempenho sexual do Ayrton Senna. Perguntou mesmo? Eu não vi esse programa", questionou o apresentador. "Olha, essa história vale a pena relembrar", respondeu Adriane. "Esse homem fez parte da televisão, é um homem querido por muita gente. Minha mãe, por exemplo, assistia ao Clodovil, adorava ele. Tenho certeza de que tem algumas senhoras aqui que sabem o que eu estou dizendo. Ele é uma figura engraçada, polêmica, diferente, mas implicou comigo. Implicou de largada."

Ainda no programa de Portiolli, ela contou que a entrevista para Clodovil havia sido motivada pelo lançamento do seu livro, *Caminho das borboletas*, sobre o relacionamento com Senna. Adriane lamentou a indelicadeza de Clodovil, mas disse não ter feito nada; tinha simplesmente terminado a entrevista e saído. Disse ainda que fora chamada outras vezes por ele para entrevistas, mas nunca mais o atendeu.

Eles voltariam a se encontrar quando Adriane, agora em seu próprio programa, decidiu convidá-lo para uma entrevista, e os dois enfim colocaram os pingos nos "is". Nesse dia, segundo ela disse a Portiolli, Clodovil acabou pedindo desculpas. "Quando ele implicava com alguém, ele alfinetava muito. Graças a Deus consegui ficar amiga dele no final, e que pena que não está mais aqui. Faz muita falta na televisão. Ele tinha um humor ótimo."

Portiolli questionou ainda se Clodovil tinha mesmo criticado até mesmo a marca de sopas que Adriane tinha na época. "É, eu fui patrocinadora do programa dele e ele falou umas besteiras da minha sopa. Magina, gente!", afirmou. "Clodovil era assim, né? Sem limite", disse ela.

Por fim, Portiolli perguntou: "Adriane Galisteu, você dá ou não dá uma tortada no Clodovil?" E ela, em tom carinhoso, respondeu: "Ele pisou na bola, me fez ficar bem chateada, quando fui patrocinadora tirei o patrocínio, mas depois ficou tudo bem e eu jamais daria uma tortada no Clodovil!"

CAPÍTULO 10

MAIS ENCRENCAS NA TV E FLERTE COM A GLOBO

"Hoje controlo mais meus impulsos por causa da saúde. Sou uma pessoa difícil de lidar. Cada época da minha vida tem uma proposta diferente. Sou fresco, sempre fui."

No ano de 1999, Clodovil foi para a Rede Mulher, mas o novo programa ficou menos de um mês no ar. O motivo? A emissora, fundada em 1994 pelo empresário e ex-superintendente da Globo, Roberto Montoro, tinha acabado de ser comprada por Edir Macedo, líder da Igreja Universal do Reino de Deus. O pastor mal entrou e resolveu tirar da grade de programação tudo o que considerou inadequado ou em desacordo com a nova linha do canal.

E o novo alvo das críticas ácidas de Clodovil, por motivos óbvios, passou a ser a Igreja Universal do Reino de Deus. Ele começou a disparar aos quatro cantos que o motivo do fim do seu programa havia sido a venda da emissora para Macedo, que considerava a imagem do estilista incompatível com a programação. A Rede Mulher também não teria vida longa. Foi extinta em 2007, e em seu lugar foi criada a Record News.

Por causa da língua solta, Clodovil começou a passar mais tempo afastado da televisão do que trabalhando nela. Depois de outro "hiato sabático involuntário" de dois anos, no dia 1º de maio de 2001 a imprensa noticiou sua volta às telinhas, apresentando o programa vespertino *Mulheres,* ao lado de Christina Rocha, na TV Gazeta. Polêmico como sempre, ele começou a criticar ao vivo a colega de palco: "Vou me afogar nas águas sujas do Tietê se tiver que continuar ao lado dessa mulher", disse, em um dos chiliques televisionados. Christina pareceu não guardar rancor. Anos depois, em uma entrevista para Raul Gil, declararia: "Foi uma experiência maravilhosa trabalhar com o Clodovil."

Mas isso foi depois, porque na época, apenas alguns meses após a estreia, a apresentadora desistiu do programa. Clodovil se despediu chamando-a de "jararaca do brejo". Pouco depois, ele seria dispensado da atração, mas se manteve no canal até o fim de 2002, com o talk show noturno *Programa do Clodovil.*

Com 64 anos, ele dizia estar numa fase em que tudo parecia estar dando certo. E dessa vez sua atração tinha em cena um elemento inusitado: as entrevistas eram realizadas em volta de um fogão, onde Clodovil preparava receitas para receber seus convidados. Parte da conversa girava em torno da gastronomia, arte que Clodovil aprendera com o pai. "Cozinho desde os 9 anos", contava. Mas claro que as entrevistas também tratavam de temas polêmicos, e com a liberdade de sempre.

Nem tudo deu certo. O arrendamento do horário para empresas de televendas colocou um ponto-final no programa, dessa vez sem culpa de Clodovil.

O motivo do otimismo, porém, não tinha a ver com o talk show de vida curta, mas com o novo flerte com a Rede Globo, que o chamara para uma participação especial na novela *O clone*, de Glória Perez. Na cena, ele aparece interpretando a si mesmo na inauguração da boate Nefertiti, e retrata um de seus chiliques típicos: ele chega ao local logo após Martha Rocha. Pelo fato de estar com seu cachorrinho, Clodovil é barrado pela hostess da casa, interpretada pela atriz Cristiana Oliveira. Em sua fala, Clodovil reclama para o próprio animal em seu colo, com seu jeito peculiar de lidar com as contrariedades: "Tá vendo, amorzinho? A tia disse que você não pode entrar. Você, que só viaja de primeira classe e só dorme em lençol de linho importado." Depois se volta para a recepcionista e dispara, em tom ácido, uma crítica em defesa de toda a cachorrada brasileira: "O que esta casa tem de mais? Já não chega a matança de animais neste país? Trezentos cachorros por dia são assassinados. Quer saber de uma coisa, querida? Se eu me lembrar de você, no finalzinho eu trago a cobra da Cleópatra pra você!" E dessa maneira, bem ao seu estilo, Clodovil acaba entrando na casa para assistir a um show de dança do ventre masculina, com seu simpático e elegante cãozinho no colo.

O convite para a participação talvez tenha ocorrido pela relação da novela com o universo da moda. Foram aproximadamente setecentas peças do figurino assinado por Paulo Lois, compradas no Marrocos. Na segunda fase da novela, os figurinos foram de Marília Carneiro. Quem não se lembra do visual da personagem Jade, vivida por Giovanna Antonelli, com seu anel-pulseira, que se tornou um fenômeno de vendas em camelôs de todo o país?

O estilo da fase "mulher sofisticada" de Jade fez sucesso entre o público feminino. Marília Carneiro juntou saias e blusas importadas esvoaçantes, autênticos lenços marroquinos para a cabeça e completou o guarda-roupa com brincos tailandeses, joias e maquiagem — especialmente para os olhos, sempre pintados com cajal.

Para rejuvenescer alguns atores na primeira fase, a novela teve a assessoria da maquiadora americana Lynn Barber, que levou o Oscar em 1990 pelo trabalho no filme *Conduzindo Miss Daisy*, com Manlio Rocchetti e Kevin Haney. Em meio a tanto luxo e ostentação, Clodovil só podia se sentir nas nuvens. Surgiu até um boato de que ele ficaria na trama por mais tempo ou voltaria para a emissora. Mas foi apenas um boato.

CAPÍTULO 11

CONFUSÕES, PROCESSOS E OFRÁSIA

"Clô para os íntimos, Dô pra quem eu quiser e Vil para os inimigos."

Em novembro de 2003, Clodovil retornou à televisão para apresentar o programa que foi um dos mais polêmicos de sua carreira: *A casa é sua*, na RedeTV. A atração não era nova: tinha estreado em 15 de novembro de 1999, data da inauguração da emissora, então apresentado pela jornalista Valéria Monteiro.

Apenas dois meses após a estreia, a produção da atração foi terceirizada, e ela ganhou uma nova versão e outros apresentadores: a atriz Meire Nogueira, o humorista Castrinho e a jornalista Sonia Abrão, que logo no início de 2002 foi contratada pelo SBT.

Na época, Leonor Corrêa, outra jornalista, assumiu o comando do programa, mas ficou pouco tempo no ar. Depois de fazer reclamações ao vivo, foi demitida em outubro de 2003. No mês seguinte, Clodovil chegou ao programa. Em sua equipe, a jornalista Joana Matushita, o chef de cozinha Luiz, o modelo e assistente de palco Dimas Caetano e, principalmente, a atriz Vida Vlatt, que ficou famosa com sua personagem, a doméstica Ofrásia.

No novo programa, uma das primeiras vítimas da língua ácida de Clodovil foi a então prefeita de São Paulo, Marta Suplicy. Mais de uma vez ele criticou a política e sexóloga: "Eu acho a Marta uma inculta. Ela só fala de sexo, ovário, útero, orgasmo, essas coisas. Essa ordinária está transformando São Paulo em uma privada."

O cantor Agnaldo Timóteo foi convidado para ir ao programa e, durante a entrevista, contou que tinha sido impedido por um fiscal da prefeitura de autografar e vender CDs no centro da capital paulista, pelo fato de não ter licença. Ele revelou ainda que passava por dificuldades financeiras. Clodovil não aguentou e voltou a soltar o verbo contra Marta: "Botar um cantor na rua, passar por um vexame, enquanto ela está sentada numa sala refrigerada, a inútil, a desocupada, esta senhora tem know-how para ser prefeita de São Paulo? Que know-how ela tem? Ela canta, ela pinta, ela borda? O que ela faz? Uma idiota que pensa que é poderosa."

Depois ele até tentou se desculpar com a prefeita, temendo um possível processo civil e criminal, mas acabou voltando à carga contra ela: "Inútil, perua, qualquer coisa que eu tenha usado contra a pessoa, a senhora me perdoe, me desculpe. O resto eu não retiro nem uma vírgula." Ainda declarou que enviaria flores no aniversário da prefeita: "Para Marta Smith de Vasconcelos, que é o sobrenome do seu pai. A senhora não é Suplicy, não é nada."

As declarações causaram outros problemas. Além de ofender Marta, Clodovil usou argumentos racistas para defender a venda de CDs por Agnaldo Timóteo: "Ele vai fazer o que todo crioulo faz no Brasil? Vai virar ladrão, bandido, o quê?" A então vereadora de São Paulo Claudete Alves da Silva Souza, que é negra, entrou com uma representação contra Clodovil por crime de racismo no Ministério Público.

Dois dias depois, em entrevista ao jornal *Folha de S.Paulo*, o apresentador reagiu à ação chamando Claudete de "macaca de tailleur metida à besta". Se deu mal, lógico. Foi condenado a pagar à vereadora, por danos morais, oitenta salários mínimos, na época algo em torno de R$ 20.800 reais. A sentença foi dada pelo juiz Caio Marcelo Mendes de Oliveira, da 23ª Vara Cível Central da capital paulista.

Clodovil tentou amenizar, afirmando que era um defensor dos negros, que tinha reagido em legítima defesa e que, ao ter suas declarações relacionadas ao racismo, foi ele quem teve prejuízo à imagem, não a vereadora. Sua defesa alegou que não havia dano a ser indenizado e requereu a improcedência da ação. Caso a condenação fosse inevitável, a defesa pediu que fosse levado em conta o pedido de desculpas públicas de Clodovil. Não colou.

A sentença cita outras declarações feitas por ele no programa e que pioraram a situação do apresentador. Por exemplo: "Será que aquela senhora que era candidata a vereadora, que pretende ser famosa um dia [...]. A senhora é que tem problema. Com gente tonta que nem a senhora, isto eu tenho mesmo, porque gente tonta deveria estar presa. Olha, burrice não sara. Bebedeira sara, mas burrice, não. Então vai lá procurar a sua turma com essa coisa de me colocar contra os negros. O que significa isso? Vai se tratar!"

A atriz Vida Vlatt trabalhou um ano com Clodovil. Era uma convivência de muitas horas por dia, e ela afirma ter presenciado um bocado de situações difíceis.

Se chegasse alguma orientação da chefia para não falar sobre um assunto qualquer, ele invariavelmente abria o programa falando desse tema. E era punido pela desobediência.

O programa, que inicialmente era apresentado ao vivo, precisou começar a ser gravado. Assim, caso Clodovil falasse alguma coisa que não devia, a cena poderia ser editada. Afinal, a emissora também estava sujeita a processos. "Clodovil era muito rebelde, falava demais e o que queria. Ele dava trabalho, não obedecia à direção, não tinha jeito", conta a atriz.

Ele também se recusava, segundo ela, a entrevistar determinadas pessoas. Teve logo de cara, por exemplo, uma enorme antipatia pelo programa *Big Brother Brasil*, que estreou na Globo um ano antes de ele retornar à televisão com o *A casa é sua*.

Para ele, o programa tiraria o espaço dos artistas, já que era ocupado por "gente que não tem nada a dizer e a oferecer, mas que faz qualquer coisa para ter espaço na mídia". Era com essa definição que ele justificava sua recusa em entrevistar ex-BBBs.

Com Vida Vlatt ele também teve vários desentendimentos, mas, segundo ela, os dois se gostavam e permaneceram amigos até o fim da vida dele. Vida considera isso um feito, ainda mais considerando as longas jornadas que cumpriam na RedeTV: de segunda a sexta-feira, desde as dez da manhã até o fim do dia, quando terminava o programa, eles estavam juntos.

A participação de Vida na atração era toda feita no improviso, e o bate-bola com o apresentador funcionava muito bem. Ela conta que encontrava muita gente na rua que ficava surpresa por vê-la fora do personagem. Algumas pessoas achavam que ela fosse mesmo empregada de Clodovil. "Eu fazia um fuá que nem ele acreditava", comentou. "Ele me chicoteava com um pano de prato, judiava de mim, aí botavam aquela música da novela, 'lerê, lerê' ['Vida de negro é difícil', de Dorival Caymmi]. Eu gritava e ameaçava ir embora, dizia que era muito maltratada lá, e ele chorava de dar risada e vivia me chamando de louca." De vez em quando ela exibia, ao fundo do cenário, placas com pedidos de socorro para a apresentadora Hebe Camargo e até mesmo para Marta Suplicy.

Outro ponto que fazia Vida se diferenciar de muitas outras era o fato de ela não ter medo de Clodovil, enquanto uma multidão o temia. "Eu enfrentava ele", disse a atriz. No ar, então, muita gente suava de pavor dele. Foi o caso do ex-BBB Caetano Zonaro, primeiro eliminado da primeira edição do programa da Rede Globo.

Depois de posar nu para a *G Magazine*, publicação voltada ao público gay que circulou entre 1997 e 2013, Caetano fez a besteira de dar uma entrevista para Clodovil, que fez de tudo para dizer que o pinto do moço era pequeno. "O rapaz ficou perdido", conta Vida às gargalhadas. Testar o limite das pessoas era uma prática corriqueira para o apresentador. No caso de Vida, isso não funcionava, porque ela mesma adiantava o serviço. "Eu me esculhambava."

Quase todo dia tinha barraco ou saia justa. Uma vez, um advogado foi falar sobre o funcionamento das taxas bancárias, mas Clodovil queria que ele metesse o pau nos bancos. Ele se levantou no meio do programa, ajeitou o paletó e avisou: "Eu vou embora." Claro que começou uma discussão ao vivo. "Por quê? Não está gostando do que eu estou falando?", quis saber o apresentador.

Em outra ocasião, Vida passou pelo camarim dos convidados e deu uma espiada para ver quem estaria no programa daquele dia. Encontrou um ator famoso (do qual não disse o nome) que estava suando de nervosismo. Sem aguentar, perguntou o que estava acontecendo, e o sujeito se abriu: "Estou com muito medo, porque o Clodovil fala o que vem à cabeça. A gente nunca sabe o que vai acontecer." Ela logo avisou o rapaz: "Relaxa, senão é pior." A atriz comentou que o apresentador sentia quando a pessoa estava vulnerável e ia para cima, com os dois pés no peito.

Uma tarde, Clodovil se recusou a comer com o rockeiro Serguei, famoso por ter dado supostos beijos na cantora americana Janis Joplin. No final do programa era servido um prato preparado pelo apresentador. Terminava o programa, e o almoço continuava. Só que nesse dia Vida encontrou o apresentador resmungando para a diretora Ligia Cilli: "Eu não vou comer com esse homem horroroso, com aquela boca aberta. Vai me tirar o apetite."

Ofrásia sobreviveu a muitos tiroteios, e perturbava Clodovil o quanto podia. Um dos momentos mais hilários da personagem foi quando ela organizou uma festa cafona para ele durante o programa. A ideia era fazer uma sátira à festa real que ele tinha organizado durante meses na famosa mansão de Ubatuba, para a qual ela não havia sido convidada. "Todo dia eu atormentava ele com alguma coisa sobre isso."

A história rendeu tanto que ela chegou a montar uma barraca com a foto do apresentador no Largo da Batata, em Pinheiros, zona oeste de São Paulo, a fim de vender convites para a tal festa. Tudo de mentira, claro. Ela chegou a parar o trânsito anunciando o evento com um megafone.

A festa cafona teve bexigas e sanduíches baratos recheados de geleia. Melhor ainda foi o presente de Ofrásia para Clodovil: um enorme penico com uma tapadeira e uma placa com o aviso "ocupado". O apresentador, como sempre fazia, ameaçava dar um chilique, mas sem se aguentar acabou em gargalhadas no meio da bagunça. A parceria de sucesso, segundo Vida, era resultado da química que existia entre os dois. Fora do ar, ela comentava com o amigo, que geralmente morria de rir: "Se você não fosse viado nós teríamos um caso de amor tórrido."

CAPÍTULO 12

PÂNICO NA REDETV

"Não espere nada cair do céu, meu amor... Pois do céu só cai cocô de passarinho, avião e raio! Vá à luta e faça por merecer."

Clodovil tocava a vida no comando do *A casa é sua*, e as confusões envolvendo os convidados, talvez as maiores já vistas na televisão brasileira, também continuavam. Um bafafá dos grandes aconteceu em uma sexta-feira 13. Para comentar a data foi convidada a esótérica e especialista em anjos da guarda Monica Buonfiglio. Até aí, ok. O imbróglio se deu porque a atriz Nicole Puzzi, musa da pornochanchada, também foi chamada. E, quando o apresentador questionou sua opinião sobre superstição, o tema em pauta, ela percebeu que não tinha muito o que falar a respeito: "Eu acho que [superstição] é uma bobagem, e nem sei, eu caí meio de paraquedas aqui, porque nem sabia que teria de falar sobre esse tema. Eu fui convidada para falar alguma coisa sobre o meu perfil, sobre o meu trabalho, foi isso que a produção me passou. Eu tenho que ser sincera. Me desculpe, Clodovil. Você me conhece, você sabe que a sinceridade faz parte da minha pessoa, e de repente eu vou falar sobre um assunto que eu acho banal, eu acho uma grande bobagem. Mas posso falar sobre esse assunto."

A resposta veio rápido, feito um gancho de direita no queixo da atriz: "Como é que você começou sua grande carreira, Nicole? Você fala de uma maneira como se a produção fosse incompetente."

A atriz tentou consertar: "Não, minha carreira não é uma grande carreira, não. Eu estou dizendo o seguinte: eu tenho até evitado participar de alguns programas, embora eu respeite e assista muito ao seu, gosto muito. Acho você uma pessoa bastante admirável. Mas eu não estou falando nesse sentido, não. O que eu estou dizendo é o seguinte: eu caí de paraquedas. Me chamaram para fazer um perfil. Até achei estranho, porque eu não estou trabalhando no meio, não tenho nenhuma peça para divulgar, não tenho nada para falar. Sou uma pessoa que no momento não estou trabalhando nem no teatro, nem na televisão, nem em lugar nenhum, e o que eu soube era isso, que eu ia falar sobre esse perfil."

Clodovil resolveu amenizar: "Eu sei por que você foi convidada. Porque você é bonita, porque você é agradável, porque você é muito bem-educada. É por isso que você foi convidada, claro. A televisão, é curioso que eu tenha que dizer isso para você, mas a televisão tem imagem e som!"

Aí foi Nicole quem resolveu atacar: "Você não precisa dizer, é claro. Eu sou uma pessoa bonita, eu sou uma pessoa agradável, isso eu sei que eu sou, obrigada, mas eu também sei que eu sou. Eu só estou justificando o fato de que não vim preparada para falar aqui sobre isso, sobre superstição. Eu sequer acredito nisso, minha visão é outra, e entrei até por respeito a você. Eu não estava preparada mesmo para isso."

Clodovil então começou a exibir um semblante do tipo "não estou gostando do que estou ouvindo" e disparou: "Então, você não se incomoda de ficar enfeitando a tela da gente para a gente conversar sobre superstição, porque hoje é dia 13 de agosto, sexta-feira."

Há pouco tempo, Nicole Puzzi comentou o episódio no programa de Luciana Gimenez, o *Luciana By Night*: "A gente se encontrou depois de tudo isso e deu muita risada. Ele falava uma coisa, eu falava outra, ofendia, não ofendia, e nós éramos muito parecidos. Eu admirava muito ele. Ele faz falta. É como a Hebe Camargo, faz muita falta."

E assim, de treta em treta, o ano de 2004 seguia seu curso. Apesar da série de encrencas, Clodovil continuava a trabalhar na RedeTV. A fórmula que misturava baixaria e confusão parecia ter conquistado o público. Com a maior audiência das tardes brasileiras, tudo parecia ir bem.

As brincadeiras com a empregada Ofrásia, interpretada no improviso e com muito talento por Vida Vlatt, continuavam divertindo o público. Em uma das brincadeiras, Clodovil punha os nomes de seus muitos desafetos dentro de um sapo, que ele apelidou de Cipri (referência ao famoso almanaque de bruxarias *O livro de São Cipriano*).

Foi para dentro do anfíbio, por exemplo, o nome de Emílio Surita, o apresentador do *Pânico na TV!*, versão televisiva de um programa de humor que começou na Rádio Jovem Pan FM e que tem o mau gosto como sua marca principal. A atração estreou na RedeTV em 2003 — mesmo ano em que Clodovil chegou à emissora.

O programa, que atualmente está na Bandeirantes, com o nome *Pânico na Band*, começou a chamar a atenção com quadros um tanto bizarros. Em um deles, chamado "A hora da morte", o ator Diogo Lucas, vestido com roupas pretas e uma máscara macabra, assustava pessoas pela rua. O quadro foi encerrado quando Diogo, nu, foi atropelado por uma moto na rua onde gravavam.

No ano de estreia, o quadro "Sandálias da humildade" começou a alavancar a audiência e se tornou um dos mais populares do programa. Nele, o Repórter Vesgo, interpretado por Rodrigo Scarpa, e o Ceará (Wellington Muniz), que imitava o apresentador Silvio Santos, perseguiam artistas famosos que, segundo os integrantes da atração, se achavam "a última bolacha do pacote". Muitas celebridades foram infernizadas pela dupla, que insistia que os artistas calçassem o par de chinelos, que ficou famoso e virou até objeto de extorsão quando foi perdido em uma festa (uma pessoa achou as sandálias da humildade e exigiu um resgate para devolvê-las!).

Depois de Luana Piovani e Luíza Tomé, foi a vez de Clodovil entrar na mira do programa, que também atazanou Daniela Cicarelli, Jô Soares e Carolina Dieckmann. Com Clodovil, porém, a história tomou proporções bem maiores. Segundo Emílio Surita, foi um "caso de amor e ódio". E de muita perseguição.

Tudo começou quando Ceará, querendo dar uma variada em suas imitações de Silvio Santos, resolveu lançar um novo personagem. Sim, Clodovil, só que todo saltitante e usando uma dentadura medonha. Clodovil ficou irritado e começou a reclamar em seu programa: "Por acaso eu ando desse jeito? Não vejo beleza nenhuma em dente assim. Eu disse outro dia que, se eu tivesse mais uma aparição no *Pânico*, eu entenderia como se a emissora estivesse me mandando embora."

A fúria do apresentador acabou dando mais força e sucesso para o personagem interpretado por Wellington Muniz. A popularidade do falso Clodovil cresceu tanto que Rodrigo Scarpa, o Repórter Vesgo, começou a se vestir de Ofrásia, para a brincadeira ficar completa. Mas não foi só o *Pânico* que teve melhoria na audiência: durante a tarde, todo mundo queria ver os pitis do apresentador. Houve até suspeitas de que a briga entre os humoristas e o apresentador poderiam ter se tornado uma tática para melhorar a audiência dos dois programas. Na época, a RedeTV negou qualquer armação.

Para cumprir sua missão de perturbar, a equipe do *Pânico* usou de tudo: mulheres e homens seminus, carros, trio elétrico e até um helicóptero. Na festa de aniversário de 67 anos de Clodovil, obviamente o pessoal do *Pânico* não foi convidado. Como resposta, os humoristas resolveram fazer uma festa completa para a versão fake do apresentador. Fantasiaram modelos de índios, como na festa verdadeira, e chamaram o vice-presidente da emissora, Marcelo de Carvalho, que ganhou o primeiro pedaço de bolo.

Irritado, Clodovil começou a atirar para todo lado, mas acabou dando um tiro no próprio pé quando começou, por exemplo, a criticar os privilégios de Luciana Gimenez na emissora, dizendo que ela não fazia nada para interromper a caça do *Pânico* a ele. Cansada de suas ironias, Luciana Gimenez, casada com Marcelo de Carvalho, foi sozinha ao camarim do apresentador, bateu na porta e perguntou: "Por que você não me deixa em paz? Por que você não faz o seu trabalho direito e para de se intrometer na minha vida? O que eu tenho a ver com o pessoal do *Pânico*? Por que você só fala nisso? Faz um favor? Me esqueça."

Pego de surpresa, Clodovil ficou sem reação, e desconversou: "Olha, Luciana, estou bravo porque você não foi à minha festa de aniversário." Mas ela não o deixou terminar: "E você foi na festa do meu filho Lucas? Você nem mandou presente! Passe bem, Clodovil."

Enquanto isso, a guerra com o *Pânico* só crescia. Com a audiência em alta, o quadro adotou ares de saga e ganhou até música de abertura dos filmes da 20th Century Fox antes de ir ao ar, com uma sandália iluminada por holofotes — afinal, não era uma sandália qualquer. Foram sete episódios de perseguições implacáveis. Silvio e Vesgo começaram visitando a porta do prédio de Clodovil, esperando que ele saísse para calçar as sandálias. O apresentador saiu pela garagem, acelerando sua Mercedes para tentar fugir dos humoristas, que o perseguiram pelo trânsito de São Paulo.

A polícia foi chamada e ficou próxima dos dois carros, tentando impedir a entrega das sandálias. Vesgo e Silvio contaram com a ajuda de motoboys, que começaram a tirar seus próprios sapatos para tentar entregá-los ao apresentador. Chegando à RedeTV, ele entrou com o carro no estúdio, escoltado por sua equipe. Os seguranças não deixaram os repórteres passarem. O cantor Latino, que estava por lá, se solidarizou e cantou com eles o seu hit "Festa no apê".

Vida Vlatt acompanhou a via crúcis do amigo e tentava ajudar. "Eu falava: não dá trela, você está alimentando o que eles querem." Mas não adiantava. Do outro lado, a turma do *Pânico* parecia usar a mesma fórmula a que o próprio apresentador tinha recorrido muitas vezes: quanto mais vulnerável a vítima, mais intenso o ataque.

Vida, que também sofreu com o assédio do grupo, conta que Emílio, apresentador do *Pânico* até hoje, comentou certa vez que Clodovil fez a audiência do programa de humor explodir. "As perseguições chegaram a dar onze pontos no Ibope", relembra ela. Antes disso, segundo a atriz, a atração não dava mais de quatro pontos.

Em outro episódio, Clodovil foi perseguido em seu próprio camarim e nos estúdios da RedeTV. O humorista foi vestido de Clodovil, e o chamava de Ceará. O apresentador, que já estava para entrar no ar, abriu o programa com um desabafo: "Vocês não sabem o angu que virou isso aqui hoje. O pessoal do *Pânico* me pegou pelo meio do corredor e queria por tudo fazer um angu de caroço com o tal de Ceará. Ah, vocês fazem muito sucesso, meus queridos, aos domingos. Fiquem no horário de vocês! Não me atormentem, não, porque eu não quero saber."

Não adiantou. Quanto mais ele esperneava, mais a situação piorava. Após uma declaração do empresário de Clodovil a Ricardo Feltrin, jornalista da *Folha de S.Paulo*, indicando que o estilista estaria se aproveitando da situação para aumentar a audiência de seu programa, a equipe do *Pânico* decidiu ir para cima, bolando uma vingança. Os humoristas se apresentaram no concorrente com menor audiência no horário da tarde, o programa *Mulheres*, da Rede Gazeta. No período em que ficaram no ar, Clodovil perdeu muitos pontos para Cátia Fonseca e Mamma Bruschetta.

As brincadeiras tiravam Clodovil do sério, mas a criatividade do *Pânico* só aumentava. O Repórter Vesgo e Ceará puseram um trio elétrico na frente da emissora e começaram a cantar pedindo que ele calçasse as sandálias da humildade. O apresentador os ignorou e acabou sendo perseguido pela marginal Pinheiros por dois carros, um helicóptero e o trio elétrico.

O carro de Clodovil foi fechado em pleno trânsito, mas ele acabou escapando. No dia seguinte à apresentação do incidente no *Pânico*, o apresentador fez um desabafo ao vivo reclamando da perseguição sofrida em seu programa. Em seguida, abandonou os estúdios da RedeTV com o programa em pleno ar. Dois dias depois, foi demitido da emissora.

CAPÍTULO 13

VOLTA, CLÔ!

"Ninguém faz nada sozinho. Até para se masturbar tem que se pensar em alguém."

A demissão de Clodovil, comunicada por fax em janeiro de 2005, foi creditada pela mídia ao assédio do *Pânico na TV*. E o elenco do programa de humor fez o que pôde para chegar a esse resultado. Mas não foi só isso. Quando Clodovil criticou Luciana Gimenez no programa *A casa é sua*, foi advertido pela direção. A situação na emissora ficou insustentável quando ele detonou, também na TV, a apresentadora e atriz Luisa Mell, que na época namorava um dos donos do canal, Amilcare Dallevo.

Pouco antes de ser dispensado, ele criticou duramente a moça, que tinha dado uma entrevista à revista *Playboy*. Entre outras alfinetadas, ele disse que Luisa Mell terminaria seus dias como "estrela pornô, assim como a Rita Cadillac". O programa, que já era editado, teve esses trechos cortados antes de ir ao ar. Mas os ataques do apresentador chegaram até Luisa, e depois aos ouvidos do seu então namorado.

As advertências da cúpula haviam se repetido várias vezes no ano anterior, 2004. E todas pelo mesmo motivo: declarações cheias de veneno contra colegas da casa. Em dezembro, o puxão de orelha aconteceu em defesa de um representante de outra emissora, no caso o presidente da Band, João Carlos Saad, conhecido também como Johnny Saad. (Clodovil já havia trabalhado naquele canal, e foi demitido por ter feito comentários maldosos sobre um dos patrocinadores do seu próprio programa.) Foi a partir desse dia que *A casa é sua* deixou de ser ao vivo, por determinação da presidência da emissora.

O jornalista, apresentador e amigo de Clodovil, Amaury Jr., conta que os donos da RedeTV, Amilcare Dallevo e Marcelo de Carvalho, davam toda a liberdade a ele, mas a língua afiada era sempre um problema. "Convenhamos, ele abusava." Segundo Amaury, no dia do aniversário de Clodovil a diretoria lhe mandou de presente no ar uma caríssima caneta Montblanc. "Ele odiou. Uma caneta? Que coisa micha... Alfinetava, sempre com *fair play*. Era a sua marca registrada, e ele sustentava o seu marketing com unhas e dentes. E aguentava as consequências."

Outra amiga, a jornalista Sonia Abrão, lembra que, quando Clodovil cismava com alguma coisa, não tinha jeito, e sua relação com presentes indesejados beirava o TOC: "Era uma mania. Quando ganhava um objeto e não gostava, tipo vaso, escultura etc., deixava cair 'sem querer' no chão para não precisar 'conviver' com aquilo." Ela diz que chegou a perguntar para ele certa vez por que não dava para alguém em vez de quebrar, e ele respondeu: "Presente feio a gente não repassa, a gente destrói!"

Depois que descobriu que estava doente, com câncer de próstata, em 2005, Clodovil decidiu resolver pendências com alguns de seus desafetos. Ele visitou Luisa Mell após a apresentação da peça *Cinderela*, no teatro Frei Caneca. Abraçou a atriz e chegou a chorar: "Eu estou muito doente, não quero levar essa culpa. Eu não tinha nada que brigar com você. Às vezes a gente erra, me desculpe."

As cismas e os problemas por causa da língua solta não eram novidade. O que talvez ninguém esperasse foi a reação da equipe do *Pânico na TV* após a demissão de Clodovil. Possivelmente para continuar a fazer a história render, os humoristas lançaram a campanha "Volta, Clô!". Nessa fase, eles tornaram a perturbar a atriz Vida Vlatt, que permaneceu no canal. "Fiz o Vesgo e o Ceará ajoelharem no chão e pedirem perdão, mas, é claro, isso nunca foi ao ar", conta a atriz. "Se você rouba a cena, não serve. Tem que servir de escada pra eles pisarem."

Vida já havia saído do programa quando o apresentador foi demitido. "Tava cansada, trabalhava como uma louca, ganhava uma miséria, pedi pra sair, não tinha mais por que ficar." Ela diz que, enquanto Clodovil ganhava 15 mil reais fixos mais uma bolada em merchandising, que rendia mais de duzentos mil mensais, ela recebia setecentos reais. "Convenci tanto com meu personagem, a Ofrásia, que recebia o salário de uma empregada doméstica."

Um dia depois da demissão de Clodovil, Vida foi chamada para assumir o programa — com um salário melhor, naturalmente. Chamaram também Ronaldo Ésper. "Foi como colocar a Rita Cadillac no lugar da Gisele Bündchen", compara a atriz. Ronaldo ficaria apenas alguns meses por lá. De janeiro a maio de 2005.

Vida Vlatt se manteve no programa até ele sair da programação definitivamente, em abril de 2006, depois de seis anos. No mês seguinte, estreou em seu lugar o *A tarde é sua*, apresentado até hoje por Sonia Abrão. Vida Vlatt seguiu na nova atração.

Ela conta que voltou a se encontrar com Clodovil apenas no final de 2008, poucos meses antes da morte dele, quando, já deputado federal, ele foi convidado para participar do game show *Nada além da verdade*, no SBT. Aliás, o apresentador e dono da emissora, Silvio Santos, revelou que o estilista tinha sido o primeiro a ser chamado quando o programa foi criado, no início do mesmo ano, mas não pôde atender na época por causa dos compromissos políticos.

Uma das regras do game consistia em levar três amigos. Além de Vida Vlatt, a advogada e uma assessora de imprensa acompanharam o apresentador, que, conectado a um detector de mentiras, respondeu a mais de cem perguntas. "Foi a última vez em que estivemos juntos", diz Vida. Depois, só por telefone. "Quando estava triste, me ligava, se divertia muito com as bobagens que eu dizia." Nessa época, segundo a atriz, ele falava sobre a possibilidade de retornar à TV com ela no SBT, ideia que nunca conseguiu realizar.

Voltando um pouco no tempo, após a demissão da RedeTV, Clodovil foi convidado para ir ao *Show do Tom*, apresentado por Tom Cavalcante na Rede Record. O boato que circulou na época era que Clodovil parecia estar fazendo de tudo para ser contratado pela emissora. Ele esteve duas vezes no programa e em uma delas irritou outro convidado, o diretor de teatro Cacá Rosset, que deixou o estúdio no meio da entrevista e foi substituído pela repórter Luciana Liviero.

Rosset chamou Clodovil de desequilibrado e perguntou se ele já tinha feito psicanálise. O estilista, além de não responder, preferiu perguntar se Cacá não tinha uma roupa melhor para aparecer no programa. Também afirmou que os dentes do diretor eram feios e que ele não tinha cabelo. Enquanto o clima fervia dentro do estúdio, uma equipe do *Pânico* esperava na porta da Record para fazer flagrantes de Clodovil.

Na segunda participação, ele foi mais longe. Calçou as sandálias da humildade, motivo da celeuma com o *Pânico*, mas fez isso atendendo a um pedido de Tom Cavalcante e alegando que teria topado a brincadeira se os humoristas do outro programa não tivessem exagerado na dose e desrespeitado sua privacidade. "Eles atentaram contra a minha vida ao cercar o meu carro na marginal (referindo-se à marginal Pinheiros)", explicou.

Mas a história com a turma do *Pânico* teria ainda mais um capítulo. O falso Clodovil, Wellington Muniz, entrou em cena interpretando a demissão (no caso, o recebimento do fax). Ainda mandou um beijo para os modelos seminus, caracterizados de índios, como os que costumavam desfilar pelas festas do apresentador, e lamentou a saída da emissora.

Em seguida, o apresentador Emílio Surita leu um texto que, no início, pareceu solene, mas que acabou se revelando uma grande gozação: "Amigo Clodovil, você deixa uma lacuna nas tardes da TV brasileira, e nós, do *Pânico*, mais do que colegas de trabalho, seus fãs assumidos, ainda temos o sonho de calçar-lhe as sandálias da humildade, porque agora, Clodovil, assim como tantos brasileiros desempregados, sem um programa de TV, você não passa de mais um pé de chinelo."

No episódio final das "Sandálias da humildade" com Clodovil, Vesgo e Silvio foram até Ubatuba sob o pretexto de ajudar a reconstruir a casa do estilista, que havia sido interditada por risco de desabamento. Vestidos de pedreiros, os dois levaram cimento e tijolos. Rapidamente chegaram três viaturas da polícia, que cercaram a área. A equipe do *Pânico* foi então a um supermercado comprar carne e voltou algumas horas depois para armar um churrasco na porta da casa de Clodovil, desta vez acompanhados de Cacá Rosset, que chamou o apresentador de "cadáver artístico". Novamente os policiais foram chamados para acabar com a bagunça.

Para a campanha que pedia o retorno de Clodovil à TV, Silvio e Vesgo apareciam com pulseiras e camisetas com a mensagem: "Volta, Clô!" Uma das primeiras apoiadoras da campanha foi Olga Bongiovanni, que apresentava o *Bom dia mulher* na RedeTV.

Os incansáveis humoristas também foram atrás de participantes do programa *A casa é sua*, como Joana Matushita, que preferiu ficar em cima do muro: não pedia para ele voltar, mas também não declarava que não o queria. Ronaldo Ésper, que substituiu Clodovil, declarou na época: "Olha, eu não tenho nada contra, mas prefiro não vestir a camisa!"

Luisa Mell posicionou-se contra a volta do apresentador: "Não sou totalmente a favor porque eu me lembro de que ele falou tão mal, que ele sofria, que ele não recebia, que era um esgoto, que era sujo, que fedia, então não era um lugar que ele se sentia bem."

O caso fez o *Pânico* atingir picos de 14 pontos no Ibope, mas provocou uma crise nos bastidores da emissora, que foi alvo de muitos processos. Apesar da audiência, o quadro acabou extinto depois que outra celebridade perseguida, a atriz Carolina Dieckmann, entrou com uma ação contra a RedeTV, acusando Vesgo e Silvio de violação de privacidade. A partir daí, o programa foi proibido de mencionar o nome da atriz, sob pena de pagar multa de cinco mil reais a cada menção.

O desfecho da história com Clodovil e as sandálias da humildade marcou também o início do fim da carreira televisiva do apresentador.

Em 2006, Serginho Groisman resolveu dar uma chance a Clodovil no programa *Altas horas*, mas teve problemas. Durante a gravação ele foi agressivo, mal-educado, falou palavrões e ofendeu sem nenhum motivo aparente o apresentador, dizendo: "Você é velho, metido a jovem."

Segundo matéria do jornal *Folha de S.Paulo* na época, Groisman se arrependeu do convite. O programa foi ao ar cheio de cortes, e a Globo colocou Clodovil na lista de personas non gratas na emissora.

CAPÍTULO 14

FLERTE COM A POLÍTICA

*"Se o Collor tinha aquilo roxo,
o meu é rosa-choque."*

Em 2005, depois de ser demitido da RedeTV, Clodovil iniciou sua vida política. Filiado ao PTC (Partido Trabalhista Cristão), concorreu no ano seguinte à eleição para deputado federal por São Paulo.

A ideia de se candidatar, segundo ele, veio depois de ficar sabendo que estava doente. "A gente pensa que faz a própria vida, mas somos manipulados como marionetes à vontade do universo. No dia em que soube que estava com câncer, tive um insight de que deveria ser deputado federal. Na semana em que fui operado, Ciro Moura, representante do PTC, foi me visitar na clínica e me convidou para ser deputado."

No horário político, o rádio e a TV foram dominados pelo bom humor, charme e atitude do candidato número 3611:

"Meu nome, você sabe, é Clodovil. O que você não sabe é o que eu pretendo com essa minha candidatura a deputado federal. Brasília nunca mais será a mesma! Vocês verão."

"Eu queria, eu prometo, sempre as mesmas palavras... Que coisa velha, né? Que coisa antiga essa política brasileira, né, menino? Agora, me aguardem porque vai mudar tudo. Ah, vai! 3611 é meu número, e vocês sabem disso. Agora, por que eu escolhi o onze? Meu amor, porque o 24 já era, queridos! Agora é um atrás do outro!"

"Acreditem em mim, porque eu não tenho histórico nenhum de ter sido corrompido por sistema algum. Vou fazer aquilo que eu achar conveniente. Mas eu tenho certeza de que vai agradar você. Eu não transformei a televisão? Vamos mexer na política agora. E como vocês têm se deixado enganar esses anos todos, hein? Vocês acreditaram em cada trambolho, né? Dessa vez não vai ser assim, 3611."

"Naturalmente, se eu fosse outro candidato, eu sonharia com a possibilidade de viajar toda semana pra Brasília, mas eu já faço isso há tantos anos... Pra mim isso é trabalho, que é exatamente o que eu vou buscar lá."

"Que maravilha voltar pra televisão! Nem acredito! Pena que seja por tão pouco tempo, né? Quer dizer, agora, mas aguardem depois. Vocês, que me induziram a me candidatar para deputado federal, vou fazer isso por vocês! Claro que por mim também, porque eu sou parte desse povo. Nós merecemos uma coisa melhor."

"Pisa no meu pé pra ver! Meu amorzinho, Brasília nunca mais será a mesma. Porque eu não vou prometer nada, eu vou denunciar aquilo que passar na minha frente."

"Agora, essa figura bem-educada que verbaliza direito, vocês não pensem que eu sou passivo, não. Pisa no meu pé pra você ver o que acontece! Eu não tenho talento nenhum pra prometer nada. Mas tenho talento pra denunciar."

Clodovil foi eleito com 493.951 votos — a terceira maior votação no estado, que garantiu ao PTC duas vagas na Câmara — e prometeu respeitar os milhares de pessoas que votaram nele. Logo após a eleição, em entrevista para a Rede Globo, ao ser perguntado sobre que tipo de projetos levaria para Brasília, respondeu: "Eu não sei, não sei nem se tem política nesse país querido." Ao portal on-line *G1*, ele disse que não iria "se sujar por pouco" quando questionado sobre o que faria se recebesse uma proposta de mensalão.

Sobre os possíveis ataques, Clodovil disse que não seriam surpresa. "Sei que vou sofrer. Se o Collor tinha aquilo roxo, o meu é rosa-choque. O vencedor nessa campanha não foi o Maluf, nem o Russomano. Fui eu." Para quem não sabe, "ter aquilo roxo" é uma expressão usada no nordeste para demonstrar virilidade e coragem.

Sobre a mudança na sua vida após a entrada na política, ele dizia não ter expectativa nenhuma. "Posso morrer amanhã. Depois, quem garante que não vão querer tomar o meu mandato?"

O candidato eleito com quase meio milhão de votos avisou que faria sua estreia no Congresso em grande estilo: "Evidentemente, vou chegar a Brasília chiquérrimo. Que eu sou mesmo!" E não deu outra. No dia da posse, em 1º de fevereiro de 2007, Clodovil apareceu vestindo um terno branco de algodão com o brasão da República bordado no bolso e portando uma bengala de madeira com entalhes, combinando com o sapato marrom. O figurino foi inspirado nos trajes dos antigos donos de senzala do Brasil Colônia.

A mesma preocupação com a aparência ele demonstrou em relação ao seu gabinete, que ganhou uma reforma com recursos do próprio estilista e uma festa de inauguração. Com o bordão "Brasília nunca mais será a mesma", Clodovil começou a mudança pela sua sala. O deputado gastou dinheiro do próprio bolso para mudar o visual dos 39 metros quadrados do local de trabalho, mas contou com a ajuda de uma arquiteta da Câmara, que executou o projeto.

A estrutura do gabinete foi bastante modificada: as paredes de compensado de madeira foram eliminadas e substituídas por vidro jateado, o que trouxe uma sensação de amplidão ao ambiente. A decoração começava pela porta, ornamentada com as iniciais de seu nome, CH — e que era aberta e fechada por um funcionário vestido elegantemente. Clodovil dizia em entrevistas que o segurança não estava ali para barrar, mas para receber todos bem e com elegância.

Quem conheceu o local se encantou com os detalhes das escolhas do estilista, que decorava seus espaços com atenção, carinho e personalidade. Cada canto tinha algo que o representava em sua sofisticação. Um tapete tibetano marrom, aquarelas, fotos e pinturas assinadas pelo deputado (que ficavam à venda para ajudar a levantar recursos para os projetos que ele encabeçava), o brasão da República emoldurado, um retrato dele — feito de papel reciclado, borra de café e barro — e um sofá branco moderno com brasões da República.

Clodovil não economizou na reforma do seu gabinete. Segundo sua assessoria de imprensa na época, os gastos ficaram perto dos duzentos mil reais. O custo poderia ter sido zero se ele tivesse aceitado a decoração padrão oferecida pela Câmara.

Até mesmo seus desafetos ganharam lugar na decoração. O objeto de maior destaque era uma cobra naja de metal, apelidada de "Marta", que servia de base para sua mesa de vidro. A peça foi idealizada pelo próprio Clodovil, para dar a impressão de que a mesa estava flutuando.

Questionado pela imprensa se era uma provocação à ex--prefeita Marta Suplicy — com quem havia rompido relações —, Clodovil afirmou que havia várias "Martas" no país. No passado, porém, ele tinha deixado claro seu rancor em relação à sexóloga: "Nunca gostei da Marta [Suplicy], nem quando apresentamos juntos o programa *TV mulher*, na Rede Globo, nos anos 1980. O texto dela sobre sexualidade feminina era mentiroso, repetia coisas que ouvia de outros. Ela não sabe de nada."

Além dos seus possíveis inimigos, na sala também ficavam expostas suas maiores paixões: um quadro com sua imagem ao lado de seus amados cachorrinhos da raça pug, entre eles Castanhola, a favorita. Clodovil gostava de dizer que ela havia salvado sua vida. Segundo ele, no seu primeiro AVC, o funcionário que o encontrou caído só entrou no quarto porque estava na hora de dar o remédio da cachorrinha, que dormia com ele.

O incidente ocorreu em junho de 2007, após uma sucessão de problemas de saúde. Na ocasião, ele ficou sete dias internado no Hospital Sírio-Libanês, em São Paulo. Em maio do mesmo ano, ele havia passado por um cateterismo, e antes disso, em março, o parlamentar fora internado com suspeita de dengue.

Depois de um ano vivendo em um quarto de hotel, o deputado se mudou para o apartamento funcional da Câmara, transformado em um espaço personalizado, onde passou seus últimos cinco meses de vida. Além da decoração com flores, pinturas e peças exclusivas, ele fez questão de registrar sua marca nas cadeiras da mesa de jantar, que exibiam um brasão com as suas iniciais, assim como tinha feito nas portas de seu gabinete.

No plenário da Câmara, logo depois de tomar posse, acabou com a tradição dos discursos que ninguém escuta. "Eu não sei o que é decoro [parlamentar] com um barulho desse enquanto a gente fala, não sei. Parece um mercado. Isso aqui representa o país. Eu não entendo pra que tanto barulho enquanto as pessoas estão falando." Foi assim que Clodovil conseguiu calar os mais de 350 parlamentares — não só fizeram silêncio como elogiaram sua coragem.

Durante o discurso, foi interrompido por fãs ilustres que o encheram de elogios, entre eles Luiza Erundina, Gorete Pereira e o então líder do PTC na Câmara, Carlos Willian, segundo o qual Clodovil tinha o dever de expressar os seus sentimentos no plenário, sem censura: "O que assistimos até agora não atingiu nem a honra nem a imagem deste parlamento."

Paulo Maluf foi o mais entusiasmado de todos: "Não posso deixar de me congratular com vossa excelência, que diz por fora o que está pensando por dentro. Vossa excelência vai ser um dos mais ativos, polêmicos e respeitados deputados desta casa", disse o político, sem receber muita bola de volta. Clodovil agradeceu sem muita animação.

No seu primeiro discurso, o deputado recém-eleito ressaltou a importância da honestidade, a começar pela sua própria. Destacou que era uma pessoa muito conhecida no país graças ao trabalho e não a atitudes desonrosas. Falou ainda da surpresa diante do novo rumo que sua vida tomara, afirmando que em nenhum momento desejara se tornar deputado federal. Não acreditava que isso aconteceria. "Após ter construído uma carreira sólida e de sucesso como estilista e comunicador, chego aos 70 anos dando uma dessas guinadas inesperadas."

Por fim, Clodovil refletiu sobre sentimentos como amor e bondade, apontando essas qualidades como ferramentas capazes de melhorar a atuação da Câmara. "Se eu amo a Deus, não tenho medo. O que eu quero é amar vocês. Defendo a bondade em cada ato desta casa, porque sei, por experiência própria, que a bondade cura mais do que qualquer remédio. A bondade é um sentimento capaz de dar uma nova chance a qualquer pessoa, inclusive a quem cometeu os sete pecados capitais."

O deputado pediu que os colegas superassem a avareza, a soberba, a preguiça e a inveja, a fim de trabalharem efetivamente para o país. "O Congresso brasileiro precisa de uma nova chance e de um novo olhar." Nem precisa dizer que a ideia não emplacou por lá.

Depois de muita polêmica como estilista e comunicador, sua curta trajetória política não poderia ser diferente. No primeiro ano do seu mandato, criticou as mulheres, ofendeu a bancada feminina e provocou sua primeira confusão em Brasília. "As mulheres ficaram muito ordinárias, ficaram vulgares, cheias de silicone e hoje em dia trabalham deitadas e descansam em pé. A gente não pode concordar com esse tipo de coisa", disse, em entrevista à Rede Globo.

Poupou críticas, porém, à ex-presidente Dilma Rousseff, que na época era ministra da Casa Civil. Segundo ele, Dilma tinha uma "história de vida bonita, marcada pela coragem". Foi por esse motivo, aliás, que ela foi escolhida para ser a primeira entrevistada em seu novo programa de TV, *Por excelência*, transmitido pela JBTV, canal em UHF e a cabo.

CAPÍTULO 15

TODOS CONTRA CLODOVIL

"Não me importo com o que falam pelas minhas costas. Meu traseiro não tem ouvidos."

Com suas declarações sobre as mulheres modernas, o deputado Clodovil incomodou, e muito, a bancada feminista, composta na época por 45 deputadas, mas irritou, sobretudo, a então deputada federal Cida Diogo (PT). Durante a coleta de assinaturas para um requerimento contra Clodovil, o deputado teria ofendido a colega ao ser questionado quanto à declaração sobre as mulheres. Em resposta, ele a atacou: "Essa afirmação eu fiz somente para mulheres ordinárias e bonitas. Como você é feia, nem para ser puta presta."

Na ocasião, o então deputado Inocêncio Oliveira presidia um debate sobre um aumento salarial dos parlamentares quando Cida Diogo chegou chorando, tentando explicar o que tinha acontecido. Em entrevista, ela declarou que a emoção tomou conta dela e que sua pressão subiu. Além de ofendê-la, Clodovil ironizou a quantidade de votos que ela tinha recebido nas eleições mais recentes. Cida teve uma crise nervosa e chegou a ser atendida pelo serviço médico.

Depois do quiproquó, Clodovil conseguiu piorar o clima ao declarar à imprensa que sua frase na verdade tinha sido outra: "Digamos que uma moça bonita se ofendesse porque ela pode se prostituir. Não é o caso dela, que é uma mulher feia. Agora, eu tenho culpa que ela nasceu feia, gente?" Dando de ombros para os protestos dos colegas, Clodovil permaneceu no plenário da Câmara mesmo com os deputados discursando em apoio a Cida Diogo, e ainda mandou beijinhos e acenos para os que o observavam.

Indignada com as novas declarações, a deputada argumentou que o problema não foi ter sido chamada de "feia" pelo deputado, e sim a agressão verbal contra as mulheres. "Alguém deve fazer algo, porque as agressões dele atingem a todas nós."

E fizeram. Foi protocolada uma representação contra Clodovil na Câmara por quebra de decoro parlamentar, já que ele usou palavras de baixo calão para se referir a Cida Diogo e às mulheres em geral. Encurralado, Clodovil escreveu uma carta de desculpas. "Falo demais. Não vou negar que expus, durante uma entrevista, alguns pensamentos polêmicos a respeito das mulheres. Jamais quis ofendê-las. Foram dadas matizes de escândalos a uma entrevista que deveria ser pintada com uma cor neutra."

Clodovil queria ter dito essas palavras em um discurso. Uma forte dor no peito, entretanto, mandou-o para o hospital e o obrigou a se retratar por escrito. Uma crise hipertensiva provocou um quadro de angina — o que levou a uma cirurgia. Na carta, ao contrário do que dissera em entrevistas, ele ressalta o valor das mulheres: "Arrependo-me de não ter sido atento e de não me ter dado conta de que ultrapassava os limites do 'politicamente correto'. Peço desculpas às mulheres. Elas sabem, pois me conhecem há anos — e não somente agora na figura de deputado federal —, que sou assim, que às vezes me empolgo e falo demais. Isso não significa, em momento algum, desprezo ou desrespeito pelas mulheres que, num país como o nosso, cheio de injustiças, representam papel de extrema relevância." No texto, o deputado sublinhou ainda o "papel importante" desempenhado por sua mãe, Isabel Hernandes.

O imbróglio com a deputada não foi um episódio isolado em sua tumultuada fase política. Antes mesmo de tomar posse como deputado pelo PTC, Clodovil foi acusado de racismo. Isso por causa de uma entrevista à Rádio Tupi, na qual afirmou que os judeus manipularam o holocausto e que os americanos forjaram o atentado de 11 de setembro de 2001. Ele também declarou que, na última vez que visitou os Estados Unidos, se sentiu ofendido ao ser abordado por um guarda "crioulo" na alfândega.

Depois de a Federação Israelita do Rio de Janeiro ter entrado com uma interpelação judicial por racismo, Clodovil só pode correr para tentar apagar mais um foco de incêndio — sem sucesso, como quase sempre acontecia. O jeito foi dar uma de "joão sem braço": "Não foi assim que foi dito, não foi assim que foi feito. Não vou me defender de nada, não nego nada nem afirmo nada, mas eu jamais diria isso. Só presto contas a Deus, não vou me envolver com essa questão porque não tenho nada a ver com ela."

Clodovil aproveitou para colocar a culpa na imprensa, alegando que as suas palavras eram sempre distorcidas para vender notícia. Ele também apontou como autor da confusão o deputado federal Walter Feldman, que teria ficado irritado com as declarações antissemitas e inventado tudo aquilo para prejudicá-lo.

Porém, na lista de confusões políticas, a surpresa maior foi mesmo o embate com o mundo gay. Clodovil tornou-se o primeiro homossexual assumido a ser eleito deputado federal. Apesar disso, declarava-se contra a Parada do Orgulho LGBT, o casamento gay e o movimento homoafetivo brasileiro.

O deputado foi convidado por ativistas liderados por Maria do Rosário para o lançamento da Frente Parlamentar pela Livre Expressão Sexual, em março de 2007, no Congresso Nacional, e também para dar uma palavra de apoio à Parada Gay, mas sua resposta foi bem diferente da que se esperava.

O discurso começou meio confuso: "Eu, quando me candidatei a deputado federal, fui induzido por Deus, que me disse que eu teria que ser deputado federal. Eu obedeci porque sempre obedeço, e agora eu olhei para trás para pensar o que eu deveria dizer para vocês. Porque, evidentemente, eu tenho prática de microfone e televisão, mas eu também tenho prática desse jogo político da vida."

Ainda assim, Clodovil parecia ter a plateia sob controle. Ele prosseguiu falando de seu passado e dos desafios que enfrentou bem cedo: "Eu sou uma pessoa que foi encontrada junto do galinheiro com patos e pintinhos, para morrer com eles, e meu pai me apanhou lá com três meses e me criou. A minha mãe, no primeiro dia, disse que não queria aquele macaquinho preto cheio de feridas que era eu. Que era uma criança muito feia, meu Deus. E, com o decorrer do tempo, naturalmente ela se apaixonou pela criança que eu me transformei, porque eu engordei e fiquei parecendo um japonesinho, tenho foto e tudo."

A fala seguiu, com Clodovil ressaltando o aprendizado com a infância humilde, a família muito pobre, e então começou a defender a importância da família, das mulheres e das mães. Até aí, ok. Ouviram-se até aplausos. Mas ele escorregou feio ao atacar em cheio o tal orgulho gay, que se esperava que fosse defendido por ele. "Vocês estão aplaudindo a mãe de vocês [comentou o deputado sobre aplausos recebidos], porque nenhum de nós teria nascido se não houvesse a mãe. Então eu não sei para que essa luta. É pra provar o quê, se nós somos filhos de heterossexuais? Eu não pedi para ser nada, eu não permito esse assunto comigo porque esse assunto nenhum ser humano tem o direito de falar comigo. E, se puser o dedo no meu nariz, eu mordo o dedo! Todo mundo já sabe disso, porque esse assunto estou guardando para falar com Deus, porque ele me explicará com certeza."

E a coisa só foi piorando: "Agora, nós temos uma pretensa liberdade de falar na frente de todo mundo, mas isso não é liberdade, isso está se transformando em libertinagem. Essa Parada Gay, por exemplo, eu nunca iria realmente, e as pessoas pensam que eu sou contra. Eu não tenho orgulho nenhum de ser gay, tenho orgulho de ser quem eu sou."

Depois disso, o deputado começou a ser vaiado e precisou pedir para as pessoas se acalmarem: "Bom, se entenderam errado, eu sinto muito", disse e prosseguiu, apesar dos gritos da plateia. "Vejam bem. O que falta para nós, brasileiros, é exatamente uma atitude, porque a liberdade não deve ser confundida com libertinagem."

Novamente o deputado foi interrompido por gritos e vaias, mas conseguiu finalizar seu discurso afirmando que estava convencido, definitivamente, a não ir à Parada Gay. O deputado Jean Wyllys, conhecido pela luta contra a homofobia, se manifestou de forma contundente: "Seria até burrice dos gays imaginarem uma adesão do Clodovil à causa. Não foi eleito pelos gays. Ele tem compromisso com a polêmica e com a visibilidade a qualquer preço. Não tem nenhum compromisso com a coletividade e com o bem-estar coletivo, com a causa das mulheres, com causa nenhuma. Ele tem compromisso com ele e com a polêmica, para gerar efeitos midiáticos. Isso é Clodovil. Não mudou nada", afirmou Jean durante um seminário promovido pela Comissão de Direitos Humanos da Câmara para discutir projetos sobre cidadania GLBT.

Mesmo após a morte de Clodovil, em 2009, Jean Wyllys manteve a opinião de que Clodovil tinha "homofobia internalizada", o que muitas vezes o fazia se posicionar contra as bandeiras do movimento.

CAPÍTULO 16

POLÍTICA ESTILO CLODOVIL

"Adoro esse clima na política, porque um mete o pau no outro... E eu, que não sou bobo nem nada, viro de costas."

Em 12 de março de 2009, cinco dias antes de sua morte, Clodovil Hernandes foi absolvido pelo Tribunal Superior Eleitoral, por unanimidade de votos, da acusação de infidelidade partidária feita pelo PTC (Partido Trabalhista Cristão). O relator do processo, ministro Arnaldo Versiani, considerou que o deputado sofreu perseguição pessoal no partido, o que justificou sua saída.

O PTC havia pedido a cassação do mandato de Clodovil, por desfiliação partidária sem justa causa, já que ele havia se filiado ao PR (Partido da República) em 2007, após ser eleito. O deputado deixou o partido alegando ter sido abandonado pela legenda desde a eleição, quando não recebeu material de campanha e assessoria jurídica.

A defesa de Clodovil ainda conseguiu provar que os quase quinhentos mil eleitores votaram na sua pessoa, e não no PTC, até porque a quantidade de votos recebida pelo deputado foi duas vezes mais que a necessária para ele ter sido eleito. Além disso, no ano de 2002 (quando Clodovil não concorreu) o partido obteve treze vezes menos votos do que os obtidos em 2006.

Sua atuação na política deixou o registro de 55 propostas em quase dois anos na Câmara. Clodovil foi titular das comissões de Educação e Cultura, Defesa Nacional, Direitos Humanos e Minorias e de Relações Exteriores. Seus projetos tinham objetivos diversificados: alguns buscavam a melhoria da infraestrutura do país, outros tentavam propiciar melhor qualidade de vida para crianças e famílias. Outros, porém, pareciam inspirados em sua própria história de vida.

Foi o caso do projeto de lei n. 206/2007, que após sancionado se tornou a Lei n. 11.924/2009, que autoriza o enteado a adotar o nome de família do padrasto. Outro projeto de autoria de Clodovil que viria a ser transformado na Lei n. 12.921/2013 propôs a proibição da fabricação e comercialização de produtos de qualquer natureza, destinados ao público infantil, reproduzindo a forma de cigarros e similares. Essa lei condenou ao desaparecimento o famoso cigarro de chocolate.

Patriota, Clodovil pretendia instituir o dia 8 de maio como o Dia Nacional do Turismo e conferir a Alberto Santos Dumont o título de Pai do Turismo Brasileiro. Contrariando a maioria dos colegas, em julho de 2008 ele apresentou uma proposta de Emenda Constitucional com o objetivo de reduzir o número de deputados de 513 para 250. Ainda, apesar dos seus discursos anti-homossexualidade, foi autor de um projeto de lei (PL 580/2007) regulamentando a união civil de pessoas do mesmo sexo.

Também de sua autoria, foi aprovado em julho de 2008, pela Comissão de Seguridade Social e Família, o Projeto de Lei nº 2.374/2007, que incluiu entre os exames que devem ser oferecidos ao trabalhador, por conta do empregador, o exame de próstata para homens a partir dos 40 anos.

Em 2009, três de seus projetos foram aprovados na Comissão de Constituição e Justiça: a obrigatoriedade de as escolas divulgarem a lista de material escolar 45 dias antes da data final para a matrícula, a criação do Dia da Mãe Adotiva (homenagem à dona Isabel Hernandes, sua mãe) e a obrigatoriedade da menção dos nomes dos dubladores nos créditos das obras audiovisuais dos quais tenham participado. Os projetos foram aprovados dez dias após a sua morte.

Durante a sua experiência como deputado, Clodovil não se cansou de dar depoimentos sobre Brasília, política, ética ou a falta dela. A capital federal, para ele, era "uma cidade que sempre buscou o glamour, mas nunca encontrou". Segundo o deputado, foi maltratada desde o início, e já nasceu apanhando. "Quem construiu Brasília foi Juscelino, mas quem deu os acabamentos foram os primos do demônio: uma gente que fez uns acabamentos de quinta. Em compensação, os empreiteiros, que manipularam as obras, estão riquíssimos."

Quanto à ética, sua opinião era obviamente polêmica: "E o brasileiro tem ética, por acaso? A Câmara é reflexo do Brasil. O problema é que o brasileiro se vende barato. É só o político dar uma cesta básica que ganha o voto. Isso acontece no país inteiro, é uma tradição que vem dos índios. Eles se vendiam por colares e espelhinhos. Esse processo continua igual na escolha das pessoas que vão comandar o país. Elas vêm para Brasília e saem gordas de tanto mamar na vaca profana."

A relação com os colegas parlamentares, naturalmente, também foi marcada pelo estilo de Clodovil: "No começo os deputados me tratavam com muita reserva, mas hoje isso mudou. Eu os encontro nos corredores, eles olham pra baixo e fingem que não me conhecem. Mas aí eu grito: boa tarde! Aí eles passam a responder. Pode perguntar aqui quem é o deputado mais agradável da casa. Sou eu."

Ironia, bom humor e malícia andavam sempre de mãos dadas em seus comentários: "Eu sou generoso com as pessoas. Outro dia, dei uma camisa do São Paulo para um ascensorista que trabalha aqui há 15 anos. Era aniversário dele. O rapaz levou um susto, porque ninguém sabe que ele existe. Mando flores e bilhetes para todos os deputados. Isso me faz bem. Mas alguns ainda têm medo de mim, porque a minha inteligência é muito aguda. Mas eu queria que eles tivessem o mesmo amor que eu tenho por eles."

CAPÍTULO 17

OS GAROTOS DE CLODOVIL

*"Na minha idade eu só aprecio o sexo se for bem-feito;
e sexo bem-feito, só com profissional."*

As aventuras sexuais de Clodovil já tiveram muito destaque na mídia. Isso apesar de amigos afirmarem que ele era uma pessoa muito reservada, que evitava intimidade. Dizem que chamava isso de promiscuidade. Além do relato que ele mesmo fez à revista *Realidade* em que descreve sua primeira experiência, aos 11 anos, com um professor, revistas, jornais e emissoras de TV se esbaldaram com flertes e fofocas, algumas vezes, envolvendo gente famosa. Foi o caso do boato, surgido durante a Copa de 1970, de que o goleiro Leão seria seu namorado. O atleta não gostou nada da história e, claro, negou de pés juntos.

Outros não tiveram como negar, porque foram fisgados de maneira alternativa — em outras palavras, foram contratados para "trabalhar" com Clodovil. Foi nessas condições, por meio de um contrato de trabalho como modelo, que Sicupira, então jogador do Corinthians, se tornou manequim e passou a desfilar as novas criações do estilista, que seriam publicadas depois em uma revista italiana.

Isso aconteceu no fim de 1972 e virou notícia porque Clodovil foi pessoalmente fazer sua proposta ao atleta no Parque São Jorge, sede do Timão, na zona leste da capital paulista. Segundo a imprensa da época, o estilista tinha outro nome em mente, mas, enquanto esperava o treino terminar junto ao alambrado, começou a prestar atenção em um rapaz de cabelos longos e bigode vasto, o Sicupira (que hoje em dia, depois de pendurar as chuteiras, atua como comentarista de futebol).

Logo que o treino terminou, Clodovil não teve dúvidas. Foi ao encontro do jogador e fez o convite: "Quer ser meu manequim?" Sicupira topou na hora: "Se há dinheiro e promoção, por que não aceitar?", justificou, tempos depois, à imprensa.

Clodovil também gostava de alimentar os noticiários com fofocas apimentadas. Ele contou, por exemplo, sobre uma transa a bordo de um avião durante uma viagem a Paris, e escandalizou o público ao confessar ter tido sonhos eróticos com o chef Edu Guedes, então marido da apresentadora Eliana.

Sobre sua vida sentimental, no entanto, mais de uma vez ele afirmou que, como na canção de Caetano "Tá combinado", eternizada no vozeirão de Maria Bethânia, era tudo somente sexo e amizade: "Nunca namorei, nunca morei com alguém nem me apaixonei de verdade. Meu grande amor foi minha mãe, Isabel, e meus cachorrinhos."

Em entrevista ao amigo e apresentador Amaury Jr. na famosa mansão de Ubatuba, Clodovil foi questionado sobre seus sentimentos: "Clodovil, como é que funcionou o amor na sua vida ao longo desse tempo todo, o ato de amar, que é uma coisa tão especial para todos nós?"

"Eu só amei uma pessoa", revelou ele, acrescentando uma esnobada logo em seguida: "Eu peguei essa pessoa e fui embora para Paris, porque eu nunca fui mixo." E prosseguiu: "Eu amei essa pessoa, mas não sabia que ela também me amava. Agora ela surgiu de novo, me mandou um e-mail lindo no Natal e me disse uma coisa que eu nunca ouvi na vida." A declaração foi dada em 2008, cerca de um ano antes de sua morte, quando ele já tinha 71 anos e se lamentava pelas oportunidades desperdiçadas.

O apresentador Gugu Liberato conversou com o amigo e ex-assessor de Clodovil, Maurício Petiz, sobre esse assunto: "Ele nunca teve grandes envolvimentos afetivos. Viveu algumas histórias, mas nada assim muito significativo", disse Maurício.

Sobre o suposto "grande amor", Petiz contou que tudo aconteceu nos anos 1990. O primeiro encontro com o tal rapaz teria sido na avenida Paulista. "Uma história linda", comentou. "Em três, quatro dias, eles estavam em Paris, ficaram uma semana. Foi uma coisa de encantamento. Nós saímos da gravação do programa, saímos para jantar, eles começaram a conversar e conversar, ele fez o convite, o rapaz aceitou e eles foram para Paris. Ficaram uma semana lá."

"E não prosperou esse romance?", perguntou o apresentador. "Não, não, nunca mais. Isso acabou. Ele só foi ter contato com essa pessoa vinte anos depois. Quando Clodovil foi eleito, recebeu um e-mail do rapaz dando os parabéns pela vitória nas urnas e com uma declaração emocionada: 'Agora você vai fazer o que sabe fazer de melhor, que é cuidar de gente.'"

Não tão conhecidas são as aventuras do ex-estilista com garotos de programa. São muitas histórias, e em alguns lugares ainda correm soltas. Pelas ruas de Ubatuba, onde ele viveu, não é difícil encontrar alguém disposto a comentar sobre os casos despudorados de envolvimento com rapazes da região, contratados como "seguranças".

Há relatos de alguns dos rapazes que atuaram como "seguranças" do político. Alguns revelam que ele gostava de ser xingado e maltratado na hora do sexo.

Para se tornarem viáveis, as contratações eram mascaradas. Oficialmente os garotões faziam a segurança pessoal do ex-estilista, serviam de guarda-costas em sua casa, em passeios ao centro ou aonde quer que ele fosse. Os anúncios eram publicados no maior jornal da região, e os candidatos selecionados eram levados até Clodovil.

Clodovil, segundo Ronaldo Ésper, em São Paulo, também gastava tubos de dinheiro com muitos garotos de programa. Ele garante que o amigo era muito promíscuo no sexo, que teve fases em que saía quase todas as noites, mas revela que, por outro lado, às vezes não fazia nada com os rapazes. Ou melhor, quase nada. "Ele era voyeur, gostava de ver e filmar."

Ésper conta que ele saía com amigos gays, que o ajudavam a abordar homens na rua. As propostas envolvendo sempre dinheiro variavam entre transar, filmar ou apenas olhar: "Ele também gostava de ver garotos se masturbando."

Mas, muitas vezes, segundo Ésper, a cantada não era bem recebida: "Aconteceram várias encrencas por isso, iam para cima dele, querendo bater, uma vez garotos de programa da região da av. Paulista apedrejaram o carro dele. Não sei por quê."

Outras histórias me foram contadas pela travesti, estilista e costureira Michelly Xis, que trabalhou com Clodovil em 2005, quando ele produzia sua terceira e última peça, o musical *Eu e ela*, de sua autoria. A estreia nos palcos, como já foi dito, foi em 1981, com *Seda pura e alfinetadas*, escrita também por ele, em parceria com Leilah Assumpção. A segunda vez no teatro foi em 1987 no papel principal de *Sabe quem dançou?*, de Zeno Wilde.

O regresso e a derradeira passagem pelos palcos teve mais motivações financeiras do que artísticas. Clodovil atravessava mais uma de suas muitas crises patrimoniais: "Estava desempregado e não tenho cara de pobre; não conseguiria nem inventar uma. Precisava fazer alguma coisa. Acordei num domingo de manhã, depois de operado do câncer de próstata, e resolvi escrever um espetáculo", disse ele à *Folha*.

O segredo da cura é o bom humor, Clodovil argumentou na entrevista. "Fui para a operação cantando pelos corredores, fazendo Broadway, levantando a perna, acordadíssimo, e todos os outros pacientes no hospital dormindo."

O bom humor era, porém, uma maneira de disfarçar a pindaíba que atravessava (ele chegou a ficar sem dinheiro até mesmo para comer). Clodovil tentava espantar o baixo astral das maneiras mais diversas: se lançou candidato a deputado federal no segundo semestre de 2006 e, além disso (por que não?), inventou um novo espetáculo teatral.

Na nova investida na dramaturgia, Clodovil aproveitou para fazer um mergulho no seu lado mais feminino. Isso explica o figurino singular: meia arrastão, sandália alta (plataforma de mais de 15 centímetros, dourada, uma borboleta de strass sobre a tira da frente), unhas dos pés pintadas de vermelho e, para completar, paletó e camisa masculinos.

O encontro com Michelly Xis aconteceu no dia em que Clodovil compareceu para a prova de roupas das bailarinas que dividiam algumas cenas com ele. O figurino fora confeccionado pela travesti, que apareceu na ocasião acompanhada de sua mãe. Foi uma surpresa.

As críticas de Clodovil aos travestis eram motivadas pela associação que ele fazia com a prostituição, mas naquele dia ele se comoveu ao ver que Michelly trabalhava sério, tinha um emprego normal e morava com a mãe. "Depois, à noite, ele me ligou e me convidou para um café no dia seguinte. Insistiu e ofereceu até de pagar meu táxi. Queria que eu o ajudasse a pensar no seu figurino", relembrou Michelly na entrevista que concedeu para este livro. "Ele desenhava, mas não costurava. Foi onde eu entrei."

A estilista contou que eles se tornaram amigos. "Ele era meio depressivo, se sentia sozinho, me convidava para ir tarde da noite na casa dele para conversar. Eu ia porque gostava dele. Ele também começou a frequentar a casa da travesti, que na época também fazia shows em boates gay. "Uma vez ele foi dirigindo seu carro (um Pajero) do seu apartamento, em frente ao Parque Ibirapuera, até o Tatuapé, do outro lado da cidade, me buscar em minha casa na zona leste, para me levar a uma boate na praça da República."

Era a fase em que ele ainda estava sendo perseguido pelo *Pânico na TV*. Em uma dessas ocasiões, provou o figurino que usaria na peça, depois fez um ensaio de fotos e acabou indo para casa vestido de mulher da cintura para baixo. Em tom provocativo, comentou com Michelly: "Já pensou se me pegam assim?"

Sobre o espetáculo, dizia que não tinha pretensão literária, mas garantia que seu lado mulher, revelado no palco, não tinha nada de avacalhação: "Tenho horror a puta!" Aqui, caro leitor, vale fazer uma pausa no passeio pela vida íntima de Clodovil e falar um pouco sobre essa peça meio confusa que, apesar de ter sido um fiasco de público e crítica, ressaltou os múltiplos talentos do personagem central deste livro.

O espetáculo teve direção de Elias Andreato. De qualquer forma, é importante destacar que Clodovil aproveitou o pretexto para soltar a voz. Ele interpretou seis canções, acompanhado de cinco bailarinos e dois atores.

Em 1974, ele já tinha dado uma canja no programa *Fantástico* cantando "Ma mélo mélodie", famosa na voz da cantora egípcia Dalida, que fez carreira (polêmica) na França. No quadro, Clodovil aparece desfilando entre lindas mulheres usando vestidos criados por ele, logicamente.

Ele também se apresentou cantando no concurso Miss Gay 2006, em Juiz de Fora, Minas Gerais. De olho nas eleições, se vestiu como a cantora Josephine Baker e interpretou "J'ai deux amours" e "La vie en rose", de Edith Piaf.

Já no espetáculo *Eu e ela*, ele começava no escuro cantando "Gracias a la vida", de Violeta Parra, e seguia com versões para outros clássicos, como "Ne me quitte pas", também interpretada por Edith Piaf, "Tatuagem" de Chico Buarque, e "You've Changed", cantada por Billie Holiday. O espetáculo encerrava com ele vestido de Carmen Miranda (figurino também confeccionado por Michelly Xis). Enquanto abria os braços, os bailarinos tiravam sua roupa até o protagonista ficar só de cueca.

Depois da peça, Michelly Xis ficou tão amiga de Clodovil que chegou a acompanhá-lo ao Rio de Janeiro quando ele participou como jurado do quadro "Dança dos famosos", do *Domingão do Faustão*, na Rede Globo. Na ocasião, ele elogiou os seios de Nívea Maria, que acabaram ficando acidentalmente à mostra durante sua apresentação.

A travesti teve alguns desentendimentos com Clodovil. Os dois ficaram, segundo ela, quase um mês sem se falar depois que Clodovil expulsou de sua casa um amigo de Michelly, também transformista, que estava vestido de mulher e muito alterado pelo consumo de drogas.

Apesar da amizade, Michelly não nega que Clodovil era uma pessoa complicada. "Ele tinha umas loucuras, era bipolar, depressivo, se contradizia o tempo todo e não gostava de travesti. Eu era uma exceção; ele mesmo dizia isso."

Para ela, isso estava relacionado ao fato de ele se sentir atraído por homens heterossexuais. Não era um gay que gostava de gays. "Ele no fundo tinha uma certa inveja", analisa Michelly, referindo-se à liberdade e autenticidade dos gays.

Michelly argumenta que o homem que procura travestis é o mesmo que procura as mulheres, mas com o gay acontece de maneira diferente: "Se ele gostar de homens heterossexuais, vai ter que pagar, como aconteceu com o Clodovil. Ele sofreu muito com isso e se viu rodeado por gente oportunista e exploradora que só queria se aproveitar da sua fama."

Michelly diz: "Ele era extremamente passivo, muito feminino. Era um senhor gay, mas com uma cabeça de mulher." Por fim, ela arrisca dizer que a birra com travestis talvez existisse porque elas eram o que ele queria ser mas não tinha coragem.

O contato de Michelly Xis com Clodovil durou de 2005 até 2007, quando ele entrou para a vida política. Foi o bastante para saber de muitas histórias loucas. A travesti não afirma, mas levanta a suspeita de que ele possivelmente usou drogas em algumas momentos.

Segundo ela, algumas situações em que ele se envolvia eram típicas de quem usa cocaína. Ele contou a Michelly, por exemplo, que certa noite saiu dirigindo nu pelas ruas de Ubatuba para procurar rapazes. "Isso é coisa de loucura de droga, mas acho que ele nunca teve coragem de assumir."

Ela conta que os dois saíram juntos algumas vezes para paquerar em barzinhos do Tatuapé. Em uma noite, depois de algumas cervejas no Copacabana Bar, as coisas não deram muito certo. "Nesse dia eu estava bem produzida. Vieram dois rapazes à nossa mesa, um começou a me beijar, e o Clodovil queria ficar com o outro, só que o cara era hétero e não quis."

A travesti Michelly Xis conheceu de perto esse comportamento um tanto promíscuo, que rendeu a ele a fama de que curtia surubas homéricas com garotos de programa. Há quem acredite que ele tinha Aids, por causa de seu comportamento sexual. Segundo ela, Clodovil foi passivo até o fim, gostava de homens fortes e bem-dotados, pagava para ter sexo e não se preocupava em usar preservativo. Mas ela defende o amigo. "Que homem falaria não para uma transa com cinco ou mais mulheres? Todo macho gosta de putaria. O gay é, querendo ou não, um homem, por isso a maioria quer também transar com dez caras. É uma questão de hormônio."

CAPÍTULO 18

A POLÊMICA MANSÃO NO LITORAL

"As donas de casa gostam de mim porque sabem que vim de baixo, sou praticamente uma Cinderela, e pobre gosta mesmo é de luxo."

Criativa, original e muito elegante, a mansão de Clodovil Hernandes em Ubatuba, hoje à venda, era um sonho. Mais de vinte cômodos que trazem a marca do bom gosto e da dedicação do estilista, que sabia valorizar seu patrimônio. A paixão dele pela casa era conhecida pelos colegas de profissão e amigos, seletos convidados de muitas festas inesquecíveis. Nos seus aniversários, ele costumava promover jantares com suas receitas de "chef de cuisine", preparadas com temperos da hortinha que cultivava ali mesmo na cozinha.

A construção da mansão, no litoral norte de São Paulo, começou na década de 1980, quando Clodovil comprou três lotes que somavam 3.200 m², na rua das Rosas, num local conhecido como Sertãozinho do Léo. E as compras iniciais para levantar seu oásis particular ele fez, curiosamente, na loja de materiais de construção que o irmão de Ronaldo Ésper tinha na cidade.

Mas, segundo Ésper, Clodovil não pagou: "Isso era muito típico dele, não pagava ninguém. Meu irmão me procurou dizendo que não conseguia receber."

Todos ficavam de queixo caído ao conhecer a casa de Clodovil. Mesmo após sua morte, quem visitou o imóvel o cobriu de elogios e identificou a personalidade do dono em cada cantinho: a piscina com o sapo azul, o índio protetor, a banheira de hidromassagem, o vaso sanitário que ficava ao lado de uma janela em um banheiro ao ar livre, do lado de fora da casa, passagens secretas, a sala de areia, a cozinha dos sonhos, a capelinha em homenagem a dona Isabel, a vista do quarto, o comedor dos passarinhos, enfim... Um lugar tão interessante, com tantas possibilidades e tanto requinte, só podia ter sido arquitetado por Clodovil Hernandes.

Mas havia grandes desafios no paraíso que ele criou para si.

Foram anos de problemas com a justiça. Clodovil foi acusado de cometer um crime ambiental contra o Parque Estadual da Serra do Mar. O delito está previsto no artigo 40 da Lei 9.605/98 (Lei de Crimes Ambientais), cuja pena é de reclusão, de um a cinco anos.

Segundo a denúncia, Clodovil teria causado danos diretos àquela unidade de conservação quando suprimiu vegetação da área em estágio inicial e aterrou o local por meio de terraplanagem, a fim de construir uma rua em uma área no interior do parque.

Para piorar as coisas, essa intervenção foi feita em uma área de preservação dentro de uma propriedade particular. Conforme o relatório da Polícia Florestal, teria sido encontrada no local uma construção com moirões de concreto e alambrado de arame galvanizado, tendo sido abertas uma estrada e calçada com pequenos blocos e plantas exóticas para ornamentação.

A questão chegou ao Supremo Tribunal Federal, e o réu foi absolvido por unanimidade pelo Plenário. O Ministério Público Federal requereu a absolvição de Clodovil, pedindo "a aplicação do princípio da insignificância". O MPF observou que, "muito embora tenham sido comprovadas a autoria e a materialidade do delito, a pequena extensão da área desmatada não justifica a imposição de uma sentença penal condenatória, uma vez que a atividade não afetou significativamente o meio ambiente."

Nada na vida de Clodovil era simples. Mesmo com a absolvição, o caso rendeu problemas para ele e até para a emissora onde trabalhava, a RedeTV. Ambos foram condenados a pagar 35 mil reais de indenização para a promotora Elaine Taborda de Ávila, responsável pela acusação de crime ambiental.

Isso porque, quando Clodovil era apresentador do programa *A casa é sua*, ofendeu a promotora ao vivo. Chamou-a de cobra, alegou que tinha "conduta pessoal inapropriada moralmente" e que praticava "atos imorais". Também afirmou que ela desviava dinheiro da instituição e que usava o cargo "para manipulação do poder, para provar uma autoridade idiota", além de ser "má" e "castradora". Posteriormente, como sempre fazia, tentou desdizer tudo, declarando para a mídia que apenas tinha criticado a atuação da promotora e mostrado sua indignação.

E não foi só com a justiça que ele teve problemas. O paraíso de Clodovil foi atingido em janeiro de 2005 por um deslizamento de terra e acabou sendo interditado pela Defesa Civil de Ubatuba. A casa foi a única a ser atingida no bairro, e ele não estava presente no dia dos acontecimentos. A parte da frente do imóvel desabou parcialmente e precisou ser reformada.

Em agosto do mesmo ano, aconteceu um assalto na mansão. Quatro homens armados invadiram a propriedade e renderam seguranças e empregados, que ficaram trancados em um armário enquanto os ladrões saqueavam e depredavam tudo.

O bando levou pertences de Clodovil, incluindo joias e obras de arte. Segundo depoimento dado à polícia pelos funcionários e de acordo com reportagem do jornal *Folha de S.Paulo*, durante toda a ação os criminosos perguntavam, insistentemente, o paradeiro do apresentador, o que levantou a suspeita de tentativa de sequestro.

Um dos funcionários, o copeiro da casa, foi agredido. De acordo com o que ele disse em depoimento, os criminosos acharam que seu carro, um Golf, fosse de Clodovil, e que o empregado estaria escondendo o patrão e mentindo ao afirmar que ele estava em São Paulo. Clodovil ficou sabendo da invasão apenas no dia seguinte, pois estava internado em uma clínica por causa de dores nas costas.

Para a *Folha*, Clodovil declarou que estava "triste" não só pelo crime, mas pela "falta de consideração" das autoridades. Isso porque, cerca de um mês antes, a polícia descobrira em um cativeiro uma lista com nomes de possíveis alvos de sequestro, entre eles o seu. O estilista declarou que "achava que a segurança de sua propriedade já estava reforçada, o que percebeu não ser realidade".

Uma das visitas especiais que Clodovil recebeu em sua casa de Ubatuba foi a do jornalista Amaury Jr. Naquela ocasião, ele compartilhou com o amigo segredos seus e da mansão, planos e muito mais: "Estou na entrada de uma casa muito importante, onde eu sinto uma emanação extremamente positiva. Estou na casa de Clodovil, ou melhor, na casa do deputado federal Clodovil Hernandes", iniciou o apresentador.

Clodovil falou do sonho de doar o imóvel, após sua morte, para que fosse transformada em uma fundação para tomar conta de meninas abandonadas, desejo citado em seu testamento, mas que não saiu do papel. Ele também vislumbrava no local um memorial em sua homenagem depois que morresse. "Poderão vender ingressos para as pessoas conhecerem onde eu morei, onde eu vivi", disse na entrevista. Como se sabe, isso também não aconteceu.

Algumas desavenças locais podem ter pesado em tudo isso. "Não vou deixar a administração [da casa] para a cidade, porque infelizmente, até hoje, eu não encontrei nenhuma administração aqui que merecesse crédito." Clodovil chegou a declarar que a mansão já estava meio abandonada porque ele estava magoado com o poder público de Ubatuba.

Em 2005, ele já havia falado sobre o assunto em uma entrevista ao mesmo Amaury Jr.: "Eu sempre briguei muito por Ubatuba porque é o lugar mais lindo do mundo que eu já vi, e é uma maldade o que fazem com aquele lugar, porque é um deslumbre. Então você veja, voltando à maldita promotora (referindo-se a Elaine Taborda de Ávila), ela implica comigo porque ela projetou um negócio com os advogados para ganhar às minhas custas, e a oficial de justiça me contou isso antes. Aí eu fui lá e coloquei o dedo no nariz dela, e ela virou inimiga. Agora, se for derrubar [a mansão de] Ubatuba, tem que derrubar a encosta inteira, porque são favelas e favelas de gente que os maus candidatos trazem de outras cidades para votar em Ubatuba."

Na entrevista, ele aproveitou para falar do misticismo que envolvia sua mansão, protegida por um indígena ancestral. O mesmo que outrora teria lançado uma praga sobre a cidade, o que explicaria a eterna chuva que cai sobre Ubatuba.

Tudo culpa da "maldição de Cunhambebe". O líder tupinambá articulou com o padre José de Anchieta, lá pelos idos de 1550, as negociações que deram origem ao Armistício de Iperoig (local onde hoje fica Ubatuba). Esse foi o primeiro tratado de paz conhecido no continente americano, e colocou fim à chamada Confederação dos Tamoios (revolta liderada pelos tupinambás que ameaçava os planos portugueses de então).

Entretanto, pacificados os indígenas, os portugueses atacaram os franceses instalados na Baía de Guanabara, dizimando as tribos tupinambás que ali residiam. Segundo contou Clodovil a Amaury Jr., Cunhambebe, quando estava morrendo, disse: "Nesta terra nada irá para a frente, e aqui a natureza chorará sempre por nós."

Há quem defenda que assim foi a história de Ubatuba: ciclos econômicos sempre interrompidos, negócios e empreendimentos fracassados e, claro, chuvas torrenciais. Tudo por obra do cacique assassinado pelos jesuítas e pelos poderosos padres da época do império.

Clodovil acreditava estar ligado a essa história. "Agora, eu tenho uma missão que é uma coisa curiosa para mim, porque esse índio (se referindo a uma estátua que tinha na casa) me foi imposto por uma pessoa que me disse que aqui morava um índio que amava este lugar, e que protege minha casa." Segundo ele, o tal índio teria morrido onde hoje existe a mansão, por isso guardava a casa. Daí veio a ideia do tema da primeira festa na mansão.

"Quando eu vim para cá, há trinta anos, eu não sabia por que eu tinha vindo, porque eu nunca viria para cá. Embora seja o lugar mais lindo que eu vi no mundo, que eu transformei também com as minhas pinceladas de beleza, eu não tinha a intenção de conviver com esses problemas, as pessoas calam a boca pra tudo, são poderes arbitrários, prefeituras desonestas, coisas horríveis, porque é uma cidade à deriva mesmo", desabafou Clodovil.

Ele acreditava, ou dizia acreditar, que havia libertado Ubatuba da maldição tupinambá. E teria feito isso por meio de uma homenagem em um dos aniversários da cidade, na qual destacou os índios, os primeiros habitantes da cidade. "Um dos caciques procurou minha assessora e disse: 'finalmente apareceu aquela pessoa que vai fazer o desagravo para os índios, e Ubatuba terá um novo esplendor daqui pra frente.'"

Amaury Jr. perguntou a Clodovil se ele imaginava que tinha chegado àquele pequeno paraíso por alguma razão transcendental relacionada aos índios. "Mas sem sombra de dúvidas", respondeu. "Eu tenho certeza absoluta, embora eu não tenha nada a ver com os índios, porque eu sou uma pessoa elitista e tudo mais. Mas eu tenho muito respeito por arte indígena, e tenho várias coisas de índio." Terminou a conversa lamentando que o amigo não tivesse estado em sua festa temática. "Os rapazes eram lindíssimos, todos vestidos de índios, com cocares lindos na cabeça, praticamente quase nus."

"Você poderia estar morando em Paris hoje?", perguntou Amaury, e Clodovil foi direto como sempre: "Poderia há muito tempo, mas, quando eu fiz o ossinho do nariz [cirurgia plástica], eu tive um outro insight, porque eu tenho insights todas as noites, agora com mais frequência. No dia em que fiz essa operação, um dos meus assistentes, estava no hospital, e quando quando acordei disse: 'Registra isso que eu vou te contar que depois eu esqueço', e ele escreveu, de modo que eu tenho isso guardado: 'Nunca mais diga que você foi roubado, nunca mais diga que você não tem dinheiro, porque você nunca viveu como pobre. O que acontece é que você não pode ter dinheiro, porque, se você tiver dinheiro, você vai embora, e sua missão é aqui até o fim.'" Segundo Clodovil, a sua Paris era o "aqui e agora".

Durante a entrevista, Clodovil e Amaury passearam pela mansão. O jornalista perguntou se o amigo costumava se exercitar na piscina: "Olha, curiosamente, uma vez um estilista me disse assim: 'Quando a gente vem de origem pobre, a primeira coisa que a gente faz é uma piscina; e o rico, quando muda de casa, muda para um apartamento e não quer ouvir falar de piscina nunca mais', eu entrei aí sei lá quantas vezes, mas eu faço questão de que a água fique limpa, porque eu sou assim."

Amaury pediu para Clodovil falar sobre a cozinha: "Eu gosto muito de cozinhar, realmente. Ela é toda fechada porque eu tenho horror de gente porca, então ela é toda fechada de telinha porque lá não tem mosca, não entra absolutamente nada." Os temperos, ele colhia da horta ali bem perto, ao lado do fogão. "Eu procuro usar as coisas mais naturais, porque eu fico aqui em casa, eu não vou a lugar nenhum. Eu me restrinjo hoje em dia a apreciar a beleza que é este lugar."

O apresentador comentou: "Olha que linda a capelinha que o Clodovil construiu aqui na sua casa em Ubatuba, em homenagem à sua mãe." "Eu fiz para ela mesmo", ele respondeu. "Tanto que tem a imagem dela lá dentro. Outro dia o meu porteiro, o Paulo, disse que viu a mamãe na porta. Eu não vou negar e nem afirmar porque eu não estava aqui, mas, como ele é uma pessoa das que eu mais gosto, um homem sério, maravilhoso, eu acredito que ele tenha visto, mas ele ficou com medo. Ele correu."

Sobre temores, disse ter um único receio: o de não se encontrar com ela no plano astral quando morresse. "Tenho medo de não encontrá-la de novo", relatou um emocionado Clodovil.

Tudo o que havia na mansão foi vendido. Seus bens foram leiloados em São Paulo e também em Ubatuba. O bom gosto do estilista, apresentador e deputado era reconhecido por amigos e fãs, que lotaram os eventos. Entre os itens estavam a famosa gravata-borboleta de diamantes, objetos do seu gabinete (como a cobra Marta e os sofás), joias exclusivas, a coleção de sapos e pererecas, bolsas de grife e muitos outros objetos de seu acervo.

O leilão em São Paulo foi tumultuado. Em um local que comportava cem pessoas, mais de quinhentas tentaram entrar. Houve quem passasse mal, tamanha a agitação.

O ex-assessor Maurício Petiz descreveu à imprensa a confusão nesse dia: "Eu compreendo que aqui talvez não esteja adequado e tudo. Eu, pessoalmente, fico com muita pena, porque temos aqui senhoras de idade, pessoas que amavam o Clodovil, sendo empurradas. Isso me incomoda muito."

Petiz afirmou em diversas entrevistas que teve uma ligação muito intensa com Clodovil: "Trabalhei com o Clodovil por muitos anos, fomos amigos por quase trinta anos e moramos juntos, inclusive. Algumas pessoas até pensam que eu era namorado dele, e na verdade nunca fomos. Nós sempre fomos muito amigos mesmo."

Maurício chegou ao leilão com um mandato de posse de alguns objetos leiloados, como a cobra Marta, os sofás, os itens do gabinete e todas as roupas de Clodovil. Todos esses objetos estão hoje com o ex-assessor e pertencem ao acervo do Instituto Clodovil.

Outro amigo, Klaus Agabiti, se posicionou contra o leilão em entrevista para a RedeTV: "Eu fiquei assim muito chateado, porque as coisas dele não deveriam ser feitas dessa forma. Teriam que ser preservadas, como a casa de Ubatuba, colocar para visitação pública, que é o que ele gostaria que tivesse sido feito. Ele dizia: 'Klaus, esta casa aqui vai ficar para o povo de Ubatuba.' Ele sempre falou isso. Então, as coisas dele tinham que ser preservadas e não leiloadas, porque são as memórias dele."

Depois, por ordem judicial, foi necessário fazer um "Família vende tudo" na casa de Ubatuba de Clodovil. "Em vez de colocar tudo em um caminhão e trazer para São Paulo, achei melhor abrir a casa e permitir que o público entre, veja e guarde na lembrança. É um respeito às pessoas de Ubatuba, que não tiveram acesso ao local. Nunca pude deixar ninguém entrar na casa. Essa foi a forma que encontrei", declarou a advogada inventariante Maria Hebe em entrevista ao portal *R7*. Para este livro ela também se negou a dar entrevista, alegando impedimento judicial.

A venda dos objetos da mansão em Ubatuba foi outro evento singular. Pela entrada foi cobrada uma taxa de vinte reais, valor abatido na compra de qualquer produto. Os objetos com o monograma de Clodovil Hernandes, como toalhas e louças, foram os mais concorridos.

A venda foi um sucesso. Tirando os bens que ficaram com o Instituto Clodovil Hernandes, e que também não estão acessíveis ao público, nada sobrou.

A POLÊMICA MANSÃO NO LITORAL

E a casa? Após a morte do seu dono, quase foi demolida por ordem da prefeitura, intimada pela justiça. Em 2012, em uma reportagem para o *UOL*, conversei com a advogada Maria Hebe Pereira de Queiroz, que afirmou "não ter dinheiro para preservar nem para demolir".

Algumas alas da mansão foram de fato demolidas por determinação da Justiça. "Parte da casa vai ao chão, e serão plantadas mudas nativas no local para a recuperação da área", declarou Maria Hebe ao *G1*. Essa área que vai ser demolida está em uma Área de Preservação Permanente (APP), em meio à Mata Atlântica.

Os cômodos demolidos foram o canil, o antigo quarto de Clodovil, uma fração da cozinha e a tão famosa suíte rosa com vista para o mar. A demolição de quinhentos metros do imóvel começou a ser feita no dia 29 de fevereiro de 2016. Segundo a advogada, a Justiça teria bloqueado a venda até a tramitação do processo de prejuízo ambiental, mantendo indefinido o destino da famosa mansão.

Em julho de 2017, quando concluí a redação deste livro, eu soube que a mansão estava à venda. O assunto foi tema de um post no blog *Clodovil Memória Brasil*, de Danian Dare. O que sobrou do casarão, que em 2012 era avaliado em quatro milhões de reais e depois passou a valer menos de dois milhões, aparece hoje em um anúncio de uma imobiliária local por um milhão.

CAPÍTULO 19

QUEM MATOU CLODOVIL HERNANDES?

*"A morte não existe.
É só uma mudança de destino."*

Dezessete de março de 2009. O programa *A tarde é sua*, apresentado por Sonia Abrão na RedeTV, acompanhava o estado de saúde de Clodovil Hernandes, que, aos 71 anos, havia sofrido um AVC e respirava com a ajuda de aparelhos no hospital Santa Lúcia, em Brasília. Os médicos já haviam informado que, caso o deputado federal sobrevivesse, passaria uma vida reclusa e cheia de dificuldades e talvez não conseguisse mais falar e andar.

Clodovil fora levado ao hospital por um assessor parlamentar por volta das oito da manhã de segunda-feira, 16 de março. Ele sofrera um acidente vascular cerebral hemorrágico durante a madrugada e foi submetido a um procedimento de drenagem do sangue por meio de um cateter ainda pela manhã. À tarde, a equipe médica informou à imprensa de que ele teve uma parada cardiorrespiratória de cerca de cinco minutos por volta das 14h15. Em entrevista coletiva, o médico Alan Ricardo

Coutinho Ferreira, classificou o risco de morte como "muito alto".

No dia 17, o boletim médico divulgado logo cedo deixava claro que o quadro clínico do deputado permanecia de "extrema gravidade". Durante a manhã, Clodovil passou por exames que confirmaram sua morte cerebral. O primeiro dos exames foi "inconclusivo", segundo os assessores do deputado. Novos exames médicos avaliariam o estado clínico do paciente e um novo boletim seria divulgado à tarde pelo hospital.

A morte cerebral foi anunciada em entrevista coletiva pelo diretor técnico do hospital Santa Lúcia, Cícero Henrique Dantas Neto, por volta das 16 horas. Tinha sido constada pelos médicos às 15h45. Clodovil foi mantido vivo por equipamentos e medicamentos para que seus órgãos pudessem ser doados. A autorização tinha sido dada por assessores do deputado e pelo Ministério Público, pois ele não tinha parentes próximos com os quais mantivesse contato. A assessora de imprensa do deputado, Berta Pellegrino, declarou que ele havia manifestado várias vezes a intenção de doar seus órgãos quando morresse. O fato é que, às 18h50, Clodovil teve uma parada cardíaca, e com isso a doação ficou prejudicada.

No *A tarde é sua*, Sonia Abrão falou em primeira mão sobre a morte cerebral de Clodovil Hernandes. O programa chegou a atingir sete pontos de audiência nesse dia. "Eu estava no ar quando o diretor me informou pelo ponto eletrônico da sua morte. Foi um baque. Difícil acreditar. Ele estava num momento de 'volta por cima' na sua vida como político. Achei tão injusto esse final! Mas fizemos uma cobertura completa, ao vivo, a partir daquele momento, e sentimos o público tão chocado quanto a gente. Era uma perda irreparável", relembra a amiga Sonia.

Mais tarde, ela deixaria um recado em seu blog: "Não quero falar do Clodovil que todo mundo conhece neste momento de despedida. Quero falar do Clodovil que eu conheci. Intenso, passional e contraditório. Da sua frescura, dos seus chiliques, do seu amor pelo Brasil, da sua autenticidade, da sua humanidade, dos pequenos requintes de crueldade, da sua lente da verdade!"

Clodovil tinha um jantar marcado para o dia em que morreu. Ele receberia o então presidente da Câmara e hoje presidente da república Michel Temer. Os empregados Alberto e Renata tinham preparado tudo sob a orientação do patrão: marrom-glacê, pudim e sua famosa receita, o pavê negrinho. Alberto foi quem o encontrou desacordado. Em entrevista para o *Fantástico*, da Rede Globo, descreveu a cena: "Ao abrir a porta, eu percebi que ele estava caído de bruços, com a cabeça embaixo do móvel."

Dez anos antes, em entrevista para o programa *Planeta Xuxa*, no quadro "Intimidade", Clodovil havia falado sobre o que pensava da morte: "Primeiro, estar vivo é um grande prazer. Esse é um presente pelo qual eu agradeço a Deus, porque todos nós que estamos vivos fazemos parte da eternidade. É a única forma de entender a vida. Quando a gente nasce não morre nunca mais, porque a morte não existe. A morte é só uma mudança de destino."

Xuxa o interrompeu: "Como que não existe? Que é isso! Tem um monte de gente morrendo aí!" Clodovil explicou: "A morte não existe. Você está falando de uma morte subjetiva, que é a matéria. A matéria não é você. Você é essência e luz que está agasalhada por uma matéria." A Rainha dos Baixinhos amenizou:

"Tá bom. Você acredita em outras vidas?" E ele arrematou: "Eu acredito em tudo, não só em outras vidas, mas eu não acredito na morte."

Nos últimos anos de vida, Clodovil Hernandes enfrentou problemas de saúde. Em 2005, teve câncer de próstata. Após a retirada do tumor em uma cirurgia, ele não precisou fazer tratamentos complementares, mas passou a lidar com a incontinência urinária. Em 2007, o deputado foi internado com dores fortes, causadas por um princípio de infarto. Pouco tempo depois, foi encontrado caído no seu quarto. Era um AVC, que lhe paralisaria o lado direito do corpo. Em agosto de 2008, o deputado passou por uma cirurgia para tratar um problema urológico, sequela da retirada do tumor na próstata, e acabou sofrendo uma embolia pulmonar.

A *Folha de S.Paulo* divulgou a repercussão da morte de Clodovil entre os artistas que haviam sido seus companheiros de trabalho. Para o apresentador da Rede Globo, Fausto Silva: "Quem conheceu um pouco da origem do Clodovil até entende algumas reações na sua vida e na sua profissão. A instabilidade emocional, às vezes, atrapalhou sua carreira, mas ninguém nunca vai poder discutir que ele teve personalidade própria."

Para a também apresentadora da Globo, Ana Maria Braga, "Clodovil era uma pessoa de talento nato. Foi um exemplo de combatividade, de busca por um desafio. Como estilista, conquistou a fama na alta-costura; como apresentador de TV, se destacou pelas diversas declarações polêmicas; e como deputado federal mostrou que é necessário seriedade para representar o povo no Congresso. Ele definitivamente estará sempre presente como exemplo de talento e veracidade."

Também deu o seu depoimento o apresentador da Record, Gugu Liberato: "Sempre polêmico e corajoso, nunca teve medo de dizer o que pensava e falar sem rodeios. Sempre admirei essa sua maneira de ser. Clodovil era um homem com muitos talentos, muitos atributos e deixa uma saudade muito grande, do tamanho de sua história."

Desafetos famosos também foram ouvidos, como o Ceará (Wellington Muniz) do *Pânico na TV*: "Estou muito sentido, muito triste, porque ele era uma pessoa que eu considerava muito." Luciana Gimenez, apresentadora da RedeTV, ao contrário do que afirmou em outras ocasiões, declarou que ele tinha sido um excelente companheiro de emissora. "Sempre me recebeu muito bem em seus programas. Uma grande ausência", disse. "Do ponto de vista da moda, perdemos um suntuoso vestido brasileiro. Um vestido de lindos bordados foi rasgado. Isso, para nós, costureiros, toca muito", acrescentou o estilista Ronaldo Ésper.

Políticos importantes se manifestaram na época, caso de Luiz Inácio Lula da Silva, então presidente da República: "Clodovil Hernandes ficou conhecido pela maneira direta de se expressar e pelas ideias polêmicas que defendeu, especialmente em seus programas de televisão. Entrou tardiamente na vida política e provou que tinha muitos adeptos, uma vez que foi o terceiro deputado federal mais votado no estado de São Paulo. Neste momento de dor, expresso minha solidariedade a seus parentes, amigos e correligionários." O então governador do estado de São Paulo, José Serra, declarou à *Folha* que tinha um bom relacionamento com Clodovil.

O velório ocorreu no Salão Nobre da Assembleia Legislativa do Estado de São Paulo, e o sepultamento foi feito no dia seguinte à morte, no cemitério do Morumbi, onde já se encontravam os restos mortais de sua mãe adotiva. O velório começou por volta das 11h40, no Hall Monumental da Casa, apenas para os amigos. Cerca de trinta minutos depois, as portas foram abertas ao público. Políticos, artistas, amigos e fãs prestaram as últimas homenagens a Clodovil.

Antes mesmo de o corpo do deputado e estilista Clodovil Hernandes chegar para ser velado, cerca de trinta fãs o aguardavam na entrada da Assembleia Legislativa. Alguns chegaram de madrugada, caso de uma antiga funcionária de uma oficina de costura do estilista na década de 1970. Ela declarou à imprensa que nunca teve problemas com o ex-chefe: "Ele nunca destratou um funcionário enquanto trabalhava com ele", afirmou.

Entre os remetentes das cerca de vinte coroas de flores em sua homenagem estavam o presidente Luiz Inácio Lula da Silva, o PR, partido de Clodovil, o PT, o DEM, o Senado Federal, a Câmara dos Deputados, a senadora Roseana Sarney e Frank Aguiar. Clodovil foi enterrado com um terno branco que ele mesmo desenhou. Os ternos brancos sempre foram a marca registrada do ex-estilista, que tinha o costume de usar roupas de cores claras.

O chefe de gabinete e amigo dos velhos tempos, Maurício Petiz, não poderia faltar. Ele trabalhava com Clodovil havia dez anos e se tornara seu assessor desde que o deputado assumira o mandato. O músico Frank Aguiar, na época vice-prefeito de São Bernardo do Campo, também esteve no velório e, em entrevista ao *G1*, destacou um traço marcante do deputado: "A personalidade do Clodovil era muito importante. As pessoas não podem ter mais de uma cara, e isso era uma das principais qualidades do Clodovil." Frank também lembrou dos mais de trinta projetos de Clodovil na Câmara e explicou que foi relator da proposta que reivindicava a obrigatoriedade da menção dos nomes dos dubladores nos créditos das obras audiovisuais dos quais eles tenham participado, que foi aprovada em 27 de março de 2009, dez dias depois da morte dele.

Para o atual presidente da república, Michel Temer, a marca deixada por Clodovil foi a da polêmica, e por isso ele teria sido um democrata. Para o deputado Valdemar Costa Neto, Clodovil mudou o discurso do partido: "Ele queria um partido que entendesse suas ideias. Com seu jeito polêmico, o debate mudou dentro do partido. Ele falou que ia mudar Brasília e estava se preparando para isso", disse ao *G1*.

Mesmo depois de morto, Clodovil seguiu provocando polêmicas. No velório, o vice-presidente do PTC e presidente do diretório do partido em São Paulo, Ciro Moura, foi impedido pela advogada de Clodovil, Maria Hebe Pereira de Queiroz, e por amigos do parlamentar de se aproximar do caixão. Clodovil foi eleito deputado pelo PTC em 2006, mas se filiou ao PR em 27 de março de 2007, depois do prazo fixado pelo TSE relativo à fidelidade partidária. Por conta disso, o PTC moveu processo contra o parlamentar, mas o TSE (Tribunal Superior Eleitoral) acabou absolvendo Clodovil da acusação.

Ciro Moura reagiu: "Eu vim como Ciro Moura, não como membro do partido, me despedir de um amigo. No tribunal, nós nos tratamos como sempre, com carinho. Quem me abraça, me beija e me chama para jantar está chateado comigo?", reclamou Moura.

Em entrevista ao *TV UOL*, a advogada Maria Hebe esbravejou: "Eu avisei que, se esse cavalheiro apontasse aqui, eu ia esquecer que era advogada, que tinha educação e berço. Porque eu não admito fingimento e falsidade. Ele veio fazer o quê? Prestar homenagem para uma pessoa que ele só prejudicou? Eu tenho certeza de que, se Clodovil pudesse levantar de lá, faria pior do que eu fiz!" Ciro Moura retrucou: "Ela fez barulho e gritou, mas tem que respeitar primeiro o falecido. O que ela pensa de mim tem que dizer fora daqui, se é que ela pensa."

Após a confusão, Moura se retirou do espaço reservado a políticos e pessoas próximas ao deputado, mas permaneceu na Assembleia. Segundo ele, Clodovil o tratava bem e não havia rancores por conta do processo. Ciro afirmou que o deputado, inclusive, havia marcado um jantar com ele na semana de sua morte.

O caixão foi fechado sob aplausos. A presença mais numerosa no enterro era de amigos e funcionários de Clodovil. O padre Juarez de Castro, da arquidiocese de São Paulo, deu a última bênção a Clodovil, rezando o Salmo 23 da Bíblia. "A moda perde o humor e a TV, sua irreverência", disse o religioso.

O enterro de Clodovil aconteceu às 17 horas do dia 18 de março de 2009, uma quarta-feira, no cemitério do Morumbi, na zona sul de São Paulo.

Ao lado do túmulo, faltou espaço para a multidão acompanhar o sepultamento. Agnaldo Timóteo chegou atrasado, mas cantou durante o enterro. Fãs seguravam revistas com fotos do deputado. Todos aplaudiram e Agnaldo gritou: "Vai com Deus, garoto!" O funeral foi encerrado com todos rezando o Pai-Nosso.

Depois do enterro, Maurício Petiz tentou na Câmara o reembolso de dez mil reais por ter arcado com as despesas do sepultamento do parlamentar, mas o pedido foi arquivado pela Mesa Diretora. A Câmara afirmou que, pela tradição da Casa, os deputados se unem para pagar aos familiares do falecido uma espécie de auxílio funeral. Como Clodovil não tinha herdeiros diretos nem familiares encontrados pela Casa, o pedido foi negado.

Como era previsto, as polêmicas só fizeram aumentar após a morte do estilista. Tudo começou com a suspeita do jornalista Cláudio Humberto em torno de um suposto assassinato, disfarçado de AVC. Sonia Abrão lançou a dúvida no *A tarde é sua*.

A nota publicada por Cláudio Humberto em sua coluna dizia o seguinte: "Conforme noticiamos em primeira mão às 21h20 de ontem, a Polícia Legislativa, da Câmara dos Deputados, lacrou o apartamento em que residia o falecido deputado Clodovil Hernandes, em Brasília, sob a alegação de que será necessário realizar perícia para verificar a suspeita de que o parlamentar teria sido vítima de assassinato, e não de um AVC, conforme atestaram os médicos."

Assessores do deputado estavam gravando entrevista para o programa *Fantástico*, da Rede Globo, por volta das 21 horas, quando agentes da Polícia Legislativa invadiram o apartamento, interrompendo a reportagem e determinando que todos saíssem, pois o imóvel seria lacrado para perícia.

Todos sabiam que Clodovil tinha inimigos, e para amigos íntimos, ele contou que sofria ameaças. Seu medo era tanto que a casa de Ubatuba escondia passagens secretas e rotas de fuga. O que ficou mais estranho foi o falecimento do deputado ter ocorrido apenas cinco dias depois de ser absolvido da acusação de infidelidade partidária pelo PTC.

Ronaldo Ésper participou do programa *Balanço geral*, da TV Record, e levantou uma série de polêmicas sobre a vida de Clodovil. Ele declarou que o estilista, apresentador e deputado federal, poderia ter sido vítima de algum garoto de programa, e revelou ainda que Clodovil batia em sua mãe adotiva: "Não sei se ele morreu por algum motivo político ou por ele ter se envolvido com meninos de programa, mas ele foi assassinado. Eu não tenho provas, mas é o que eu acho. Eu queria pedir a exumação do corpo dele se eu fosse político. Disseram que ele teve um derrame hemorrágico. Mas a cama dele tinha 40cm e o tapete, 20cm. Como deu afundamento craniano? Eu acho que foi um crime, sim", disse Ésper, em conversa com Luiz Bacci.

Em sua página no Facebook, Petiz recebeu inúmeros pedidos de resposta. O site *O fuxico* entrou em contato com Petiz e lhe pediu um comunicado escrito: "Na tarde de ontem, Ronaldo Ésper participou de um programa de televisão onde, por falta de projetos e realizações pessoais para contar a seu público, mais uma vez resolveu falar sobre Clodovil, que, mesmo após quase cinco anos de sua morte, continua a render bons índices de audiência. Já é público que Ronaldo Ésper, como estilista, tentou seguir os passos de seus precursores, os consagrados Dener e Clodovil, sem nunca ter alcançado nem em parte o sucesso de um dos dois (...)."

O *Programa do Gugu*, exibido na Record, trouxe novos depoimentos de Ésper, alimentando a polêmica sobre a morte de Clodovil: "Eu não vou perder a oportunidade de falar o que eu acho que aconteceu com o Clodovil na morte. Foi um misto de política e uma execução. Quer dizer, algum político pegou um garoto e mandou. Pronto, é isso. Agora, por que não investigam?"

Uma ex-empregada de Clodovil disse no mesmo programa que também duvidava da causa da morte: "Não foi que ele caiu e bateu a cabeça, não. Ele tinha um buraco lá no meio da testa.

Então, que buraco é aquele? Quem vai explicar aquilo? E ninguém falou nada, e ninguém investigou nada, e ninguém fez... sabe? E ninguém fez uma investigação! Tem sempre uma advogadinha que vai lá e toma tudo conta das coisas do Clodovil e ninguém fez nada! O Maurício, que era a pessoa mais próxima de Clodovil, também não fala nada! Sabe? A pessoa mais próxima de Clodovil era o Maurício Petiz, e não faz nada? Se eu fosse uma outra pessoa, se eu pudesse, eu iria investigar, arrancar Clodovil da cova e investigar realmente o que aconteceu com Clodovil."

Na mesma noite, no *Programa do Gugu*, o amigo de Clodovil, Klaus Agabiti, que dormira no apartamento dele no fim de semana em que o estilista teve o AVC, contou sua versão da história: "O Alberto chegou logo cedo e, como fazia todos os dias, abriu o quarto para tirar a cachorra, para ela descer e fazer as necessidades."

Nesse dia, segundo relato de Agabiti, o funcionário voltou do quarto assustado: "'Klaus, o deputado tá deitado de bruços no chão.' Eu falei: 'Mas será que ele tá com calor? Vamos lá!' Aí levantei e fui lá, quando cheguei ele estava de bruços. Aí falei 'Chama a ambulância, porque ele tá passando mal. Chama o Samu, liga lá pra Câmara, avisa que ele não tá passando bem'."

O amigo afirmou que ele não apresentava ferimentos: "Estava normal, estávamos eu e ele no apartamento. Eu fui para o meu quarto dormir e ele ficou no quarto dele assistindo à televisão. Eu presumo que ele deve ter se levantado porque se sentiu mal e teve o mal-estar e caiu, e caiu de bruços, tanto que o médico falou: 'Ainda bem que ele está de bruços, porque se caísse de frente ia ter se engasgado com o vômito e teria ido a óbito'."

Gugu perguntou para a advogada inventariante, Maria Hebe, sobre o dinheiro de Clodovil: "Foram novecentos reais e pouco da TV Bandeirantes, e dois milhões e novecentos reais (ou eu posso estar errando por pouca coisa) da RedeTV, pagos às emissoras por processos. A casa de Cotia foi vendida por 560 mil reais, e foi integralmente para o espólio. Esse dinheiro está em juízo. Tudo que foi vendido no leilão (tudo por determinação judicial. Eu não fiz nada porque eu queria fazer), mesmo lá em Ubatuba não teve jeito, o juiz mandou fazer, mandou vender tudo. Tudo bem, fizemos. O dinheiro está todo em juízo. Nós tivemos ação indenizatória da Marta Suplicy, quase trezentos mil reais. Está lá, reservado o dinheiro, já não está na conta do espólio. Da Marta Suplicy, do prefeito de Ubatuba, da promotora de Ubatuba, não sei quantas ações trabalhistas nós já pagamos. O custo de Ubatuba não é barato, o custo é alto realmente."

"Quanto tem na conta dele?", perguntou o apresentador. "Hoje tem em torno de três milhões e setecentos, esse dinheiro está na conta judicial em nome do espólio à disposição do juízo do inventário. Mensalmente eu faço os gastos que tem que fazer, presto contas todo mês com recibo, presto contas, vai para o contador judicial, depois vai para o Ministério Público. O Ministério Público concordando, vem para o juiz e o juiz homologa. Todas as minhas contas, sem exceção, inclusive a da RedeTV e da Bandeirantes, estão todas homologadas, aprovadas pelo Ministério Público e contadoria judicial. Então, as pessoas precisam tomar cuidado com o que falam", respondeu Maria Hebe.

Gugu Liberato ainda questionou: "Comentou-se muito que vocês, no final, nos últimos dias da vida de Clodovil, que vocês não tinham mais relação de cliente, relação de confiança, de amizade." A advogada pareceu bem aborrecida: "Gente, isso é um absurdo tão grande. Eu penso assim: eu conheci o Clodovil de uma forma muito familiar, tá certo? Através da melhor amiga dele, que era a Cecília de Ubatuba, cuja filha casou com o meu filho. Então eu entrei pela porta da frente, mas meu contato com o Clodovil começou em 2005, com a ação da RedeTV que eu movi. Ele tinha amigos de dezenas de anos, então por que será que ele escolheu a mim para ser testamenteira e para cuidar das coisas dele? Será que é porque ele desconfiava de mim? Eu acho que é porque ele confiava em mim."

A advogada de Clodovil comentou ainda, em entrevista ao *G1*, sobre o desejo dele, registrado no testamento, de que todos os seus bens fossem doados a uma entidade beneficente. Porém, segundo ela, Clodovil passava por dificuldades financeiras: "Ele não tinha nada, estava passando necessidades. Ele nunca foi um deputado de tramoia. Pode falar dele o que quiser, menos isso. O Clodovil gastava muito. Ele dizia que não tinha juízo. Ele sempre foi descontrolado", afirmou. Ela também falou ao *Fantástico*: "Ele sempre gastou o que ele ganhava e mais do que ele ganhava."

A advogada informou que Clodovil perdera o apartamento em São Paulo por conta de dívidas de condomínio e impostos. Além de perder o imóvel, ele precisou financiar o restante dos débitos: "Ele estava totalmente sem dinheiro. Dívidas de IPTU, fizemos acordo e ele pagou a última parcela há pouco tempo. Ele cumpriu direitinho, pagou tudo. (...) Antes ele ganhava muito bem, era bem pago, mas sempre teve muitos gastos. Nunca teve problemas financeiros, mas, de uns anos para cá, vinha com dificuldades muito sérias. Durante a eleição, um dia ele não tinha dinheiro para comer."

Com a morte de Clodovil, houve um racha no grupo, um desentendimento entre Maria Hebe e dois amigos e ex-assessores, Meg Ramos e João Toledo. João chegou a mandar uma carta para a advogada questionando o andamento do inventário: "Eles ficaram muito ofendidos porque eu os proibi de entrar na casa. Não foi a eles que eu proibi; eu proibi qualquer pessoa. Eu respondo por qualquer pecinha que está lá dentro", justificou a advogada.

Amiga de Clodovil, Meg Ramos fez um blog em sua homenagem e nele contou o destino dos tão amados cachorrinhos após a morte do seu dono: "Queridos amigos, em tempos de saudosismo e tantas coisas acontecendo, no aconchego da minha casa e na companhia incondicional da Vida, minha cachorra, lembrei-me de como o Clodovil amava seus filhos. Sim, os cachorros que moravam com ele na mansão aqui em Ubatuba eram tratados como filhos e sua verdadeira família. Os pugs Castanhola, Antônio, Carmem e Zeca."

Segundo Meg, nesse texto, Clodovil gastou certa vez nove mil reais com tratamento veterinário para salvá-los. "Preferia que me matassem a ter que sacrificá-los", dissera o estilista na ocasião, reiterando o seu amor pelos cães, que até dormiam em sua cama. "Eles dormem comigo. Não tenho medo de pegar doenças."

Meg conta que Clodovil gostava de dizer que Castanhola salvou sua vida duas vezes, quando estava com sérias dificuldades financeiras e pensou em se matar. Numa das situações, contou ele, a cachorrinha apareceu em uma visão, impedindo que ele cometesse uma besteira. Em outra, quando o funcionário o encontrou em seu quarto. Este só entrou no quarto porque estava na hora de dar o remédio de Castanhola, que dormia com o dono. O funcionário contou depois que a cachorrinha estava inquieta, tentando despertar a atenção dele para que visse Clodovil caído.

Antes de morrer, uma das maiores preocupações de Clodovil era saber com quem os seus animais de estimação ficariam. A cachorrinha pug Castanhola, que era a sua preferida (tanto que foi a única que levou para morar com ele em Brasília), ficou com uma ex-empregada e morreu um tempo depois. Os outros pugs que viviam em Ubatuba, Carmem, Pandeiro, Antonio, Zequinha e três pastoras, Alegria, Festas e Felicidade, foram doados a amigos dele.

CAPÍTULO 20

A HISTÓRIA QUE NÃO TERMINOU

"Olhe para a lente da verdade."

O véu de mistérios que encobre a morte de Clodovil parece coabitar, em perfeita harmonia, com diversas perguntas sem respostas, que pontuaram sua vida. Entre boatos e fatos, são muitas as histórias. Ele próprio embaralhou tudo, o quanto pode, com declarações contraditórias.

Apesar de ter afirmado em entrevistas que nunca soubera nada a respeito dos pais biológicos, em 1990, à Marília Gabriela, disse que era descendente de italianos e de índios e que seu sobrenome original era "Ferrarini".

No mesmo ano em que Clodovil morreu, um dos supostos irmãos biológicos deu uma entrevista a um site de notícias de Fernandópolis, município localizado no noroeste paulista, onde a tal família vivia. O entrevistado — que não se identifica — disse que o pai teve três casamentos; Clodovil teria nascido no segundo, e ele, no terceiro. De acordo com a reportagem, o suposto irmão e a esposa dele teriam, em 1997, procurado o estilista para lhe dar informações (não muito animadoras) sobre a família biológica. Em resumo: eram doze filhos, frutos de três casamentos, e seis deles estavam mortos.

Em 2007, para embolar de vez o meio de campo, Clodovil declarou a um site de fofocas: "Sou filho biológico de Juscelino Kubitschek." Segundo ele, a "revelação" fora feita pelo vidente Jucelino Nóbrega da Luz, famoso por fazer previsões acertadas e registrá-las em cartórios. O vidente, que já fora entrevistado por Clodovil no programa *A casa é sua*, na RedeTV, disse que a descoberta veio de sonhos que teve. Ele também previu a vitória do apresentador nas urnas. É provável que Clodovil preferisse essa segunda versão, a do vidente, da sua história pessoal. Embora a primeira, a do pai pobre, seja, de longe, mais factível. Mas o fato é que ambas são incertas.

Com relação à sua morte, para muitos que conheceram Clodovil, não há dúvidas: "É lógico que ele foi assassinado", insiste Ronaldo Ésper. O amigo foi o que mais defendeu essa teoria e a sustenta até hoje. "Alegaram AVC hemorrágico, mas uma ex-empregada afirma que teve afundamento do crânio, como seria possível isso caindo de uma cama de 40cm de altura em um tapetão fofo?", questiona.

"Acho essa versão de assassinato um delírio", rebate a amiga Sonia Abrão, apesar de ter sido uma das primeiras a levantar a suspeita em seu programa. "Focalizei na TV porque era o assunto do momento, mas nunca acreditei." "Ele tinha pressão alta, com picos que o levaram a ser hospitalizado alguns meses antes da sua morte por AVC. Era uma possibilidade concreta a de sofrer um derrame. Infelizmente foi o que aconteceu", argumenta a apresentadora.

Outras versões pululam nas redes sociais. A maior parte delas, entretanto, só aumenta o mistério em torno da morte de Clodovil que, a propósito, continua bem vivo em inúmeras páginas, perfis, sites e blogs do mundo virtual.

Um caso emblemático é o de uma ex-empregada que, depois da morte do deputado federal, começou a fazer acusações nas redes sociais. Em uma de suas postagens em um perfil de Clodovil, ela afirma: "Eu ainda não esqueci o que aconteceu no apartamento de Brasília nos dias 14, 15 e 16 de março de 2009." Por trás da publicação, há denúncias (não comprovadas) contra ex-assessores, acusações de desvios de dinheiro e até declaração de recebimento de mensalão em nome de Clodovil. Mas, hoje, a ex-empregada não fala mais no assunto e não apresentou provas. Possivelmente por medo.

Mas quem revirar o baú internético de Clodovil, cruzando datas e comentários nas redes sociais, provavelmente, chegará a uma percepção: a de que a barulheira em torno de um possível assassinato é só uma das pontas soltas da história. Algumas pessoas bem próximas de Clodovil têm hipóteses nessa direção: a questão crucial e que ainda não foi contada de maneira precisa na biografia do deputado está na fase pós-morte. Ou seja, o buraco é mais embaixo. Outra percepção evidente é a de que a história não terminou. E não apenas pelos fatos não elucidados sobre seu fim, mas por tantas histórias sobre diferentes aspectos e momentos de sua vida. Muitas, aliás, circulam na rede, contadas por amigos, fãs, ex-funcionários, gente de todos os tipos que o admira.

Embora esnobado por uns e esquecido por outros, tanto na moda quanto na televisão, Clodovil abriu caminhos que são percorridos até hoje. E não faltam pessoas que se lembrem disso e o reverenciem como o "grande" que foi.

Na política, evidentemente, faltou tempo, mas nessa área também deu sinais de que buscava fazer diferente. Não que fosse imune à corrupção. É difícil afirmar isso. Ainda mais a respeito de Clodovil, uma contradição ambulante.

É certo que o gênio corrosivo causou muitos estragos, machucou muita gente. Inclusive a ele próprio. Mas, sua arrogância funcionava como um mecanismo de defesa, argumenta o amigo Amaury Jr. "No fundo era uma pessoa justa, coerente, mas inconformada com o que via no Brasil." Amaury complementa: "Na década de 1970, sem globalização, internet, era difícil que Clodovil mostrasse ao mundo quão talentoso era. Na alta-costura dava um show, mas não teve oportunidade de mostrar sua criatividade em passarelas internacionais." Clodovil sempre dizia: "A moda jamais será divisa para nosso país, como na França. Aqui só tem ladrão." Mal sabia que sua antevisão estava certa. "Se estivesse vivo, não acreditaria no que está acontecendo", arremata Amaury.

Segundo ele, Clodovil era bipolar e enfrentava crises brabas de depressão. "Quando estava endividado, mas com ótimos projetos que não vingavam, ele foi ao meu programa e disse que gostaria que Deus o levasse." Para Amaury, o amigo estava de saco cheio do Brasil e do mundo inteiro, que ele acreditava estar uma merda.

Mas problemas e rancores à parte, Amaury Jr. diz que a melhor lembrança que ficou do amigo foi a de seu lado divertido: "Era do que eu mais gostava." Ele conta que nas festas em que dividiam a mesa a conversa muitas vezes virava uma terapia.

O jornalista relembra quando deu uma de pavão e disse a alguém na mesa: "Uma mente que se abre a novas ideias nunca mais volta ao seu tamanho original." E Clodovil completou: "O cu também." Risadas a noite inteira.

REFERÊNCIAS

Revistas e jornais

"A moda na propaganda", *Diário do Paraná*, 31/08/1980.

"Censura explica veto a Clo, Bornay e Dener", *Diário do Paraná*, 05/05/1972.

"Clô sem cortes", *M...*, 2006.

"Clodo reclama de desconto de 30%", *Diário do Paraná*, 02/02/1977.

"Clodovil, ou apenas Clô", *Realidade*, nº 65, 1971.

"Clodovil depois da TV", *Jornal do Brasil*, 03/02/1977.

"Clodovil e o supérfluo no *TV mulher*", *Luta Democrática*, 12/08/1980.

"Clodovil e Zezé Motta são parceiros no Paiol", *Diário do Paraná*, 06/12/1980.

"Clodovil faz os vestidos da personagem Norminha de Jô Soares em *Viva o Gordo*", *Intervalo*, nº 472.

"Clodovil ganha, mas não leva", *Luta Democrática*, 02/02/1977.

"Clodovil no teatro com *Seda pura e alfinetadas*", *O Cruzeiro*, nº 25, 30/12/1981.

"Da TV para o cinema", *Jornal do Brasil: Revista Domingo*, 02/02/1977.

"Dener critica presença de Clodovil em velório de Coco Chanel", *Diário do Paraná*, 07/02/1971.

"Dener é uma 'starlet', adora fazer escândalo", *Intervalo*, nº 484.

"Dener foi enterrado em São Paulo", *Jornal do Brasil*, 11/11/1978.

"Deus salve o império britânico", *O Cruzeiro*, nº 31, 1981.

"Entrevista Clodovil", *O Cruzeiro*, nº 48, 01/09/1971.

"Estreia de Clodovil em comerciais", *Intervalo*, nº 415.

"Frescuras, frescuras, negócios à parte", *Fato Novo*, nº 29, 1970.

"Manequim de Clodovil", *Diário da Tarde*, 18/12/1972.

"Nem luxo nem lixo e o fim de Dener na TV", *Intervalo*, nº 486.

"Nota sobre a proibição de Clodovil, Dener e Bornay aparecerem na televisão", *Luta Democrática*, 05/05/1972.

"Nota sobre boato espalhado por Clodovil de que o goleiro Leão era seu namorado", *O Cruzeiro*, nº 2, 09/06/1970.

"Nota sobre entrevista de Dener com críticas a Clodovil", *O Cruzeiro*, nº 21, 19/05/1970.

"Nota sobre os apelidos Nega Clo e Nega Vina, dados por Dener ao Clodovil", *Luta Democrática*, 25/04/1980.

"Nota sobre Simone ter reclamado de vestido feito por Clodovil, para apresentação no Canecão", *O Cruzeiro*, nº 26, 30/11/1980.

"Recado de Marlene", *Radiolândia*, 1954.

"Sem estrelismos, a Câmara da Costura", *Jornal do Brasil*, 18/06/1970.

REFERÊNCIAS

Livros

Jose Luiz Hernandez Alfonso. *Moda no Brasil: Criadores contemporâneos e memorias*. São Paulo: Editora Faap, 2012.

Luis André Prado e João Braga. *História da moda no Brasil: Das influências às autorreferências*. São Paulo: Disal Editora, 2011.

Internet

"A última tesourada", *Folha de S.Paulo*, 2012.
http://www1.folha.uol.com.br/fsp/serafina/sr2901201207.htm

"Candidato a deputado, Clodovil volta ao teatro em SP", *Folha de S.Paulo*, 2006.
http://www1.folha.uol.com.br/folha/ilustrada/ult90u57117.shtml

"Casa Canada: a boutique elegante dos anos 1950", *O Globo*, 2015.
http://oglobo.globo.com/ela/moda/casa-canada-boutique-elegante-dos-anos-1950-17595369

"Especial Moda", *Banco de dados/Folha de S. Paulo*.
http://almanaque.folha.uol.com.br/anos60.htm

"Fenit, a São Paulo Fashion Week dos anos 1960", *Acervo Estadão*, 2015.
http://acervo.estadao.com.br/noticias/acervo,fenit-a-sao-paulo-fashion-week-dos-anos-60,10976,0.htm

"Moda brasileira e a Feira Nacional da Indústria Têxtil (Fenit)", *Arquivo do Estado de S. Paulo*, 2012.
http://www.historica.arquivoestado.sp.gov.br/materias/anteriores/edicao53/materia02/

"O Clodovil", *Istoé Gente*, 2004.
http://www.terra.com.br/istoegente/242/reportagens/clodovil.htm

"Os amores do rei", *Blog Roberto Carlos Braga*, 2011.
http://www.robertocarlosbraga.com.br/2011/08/nice-os-amores-do-rei.html

"Os luxos de Dener", *Folha de S.Paulo*, 2007.
http://www1.folha.uol.com.br/fsp/ilustrad/fq1805200720.htm

"Praça da República: antigo palco de touradas", *Acervo Estadão*, 2012.
http://acervo.estadao.com.br/noticias/lugares,praca-da-republica,8239,0.htm

"Relembre as maiores polêmicas de Clodovil Hernandes", *R7*, 2012.
http://entretenimento.r7.com/famosos-e-tv/fotos/relembre-as-maiores-polemicas-de-clodovil-hernandes-20120411.html

"Uma noite na Baiuca", *São Paulo Minha Cidade*, 2013.
http://www.saopaulominhacidade.com.br/historia/ver/7413/Uma%2Bnoite%2Bna%2BBaiuca

REFERÊNCIAS

"Zapping: Clodovil calça as sandálias da humildade na Record", *Folha de S.Paulo*, 2005.
http://www1.folha.uol.com.br/folha/ilustrada/ult90u48896.shtml

Vídeos

"Adriane Galisteu fala sobre desentendimento com Clodovil", *Domingo Legal*, 2014.
https://www.youtube.com/watch?v=2rKjeVnYDS4

"Gugu sobrevoa casa de Clodovil e mostra o que foi derrubado por determinação da Justiça", *Programa do Gugu*, TV Record, 2016.
https://www.youtube.com/watch?v=rjYULj8yJvA&t=2s

"Herança de Clodovil é luxuosa e gera controvérsia", *Fantástico*, TV Globo, 2009.
https://www.youtube.com/watch?v=2zO8FrPZGu8

História da moda no Brasil (documentário)
https://vimeo.com/56767766

História da moda no Brasil (teaser)
https://www.youtube.com/watch?v=9vnFav9zPOY

"Leilão de bens de Clodovil", *Programa manhã maior*, RedeTV, 2012.
https://www.youtube.com/watch?v=RIKXGEJDg7U

"Nicole Puzzi relembra do bate boca com Clodovil", *Luciana By Night*, RedeTV, 2016.
https://www.youtube.com/watch?v=ndb8nUgGc7c

"Sandálias da Humildade – Clodovil", *Pânico na TV*, 2010.
https://www.youtube.com/watch?v=A6px94iTPX4

"Seis anos sem Clodovil", *Programa do Gugu*, TV Record, 2015.
https://www.youtube.com/watch?v=RxRQ59MDdLo&t=402s

Blogs

Clodovil amigo do João
http://clodovilamigodojoao.blogspot.com.br/

Clodovil memória Brasil
http://clodovilmemoriabrasil.blogspot.com.br

AGRADECIMENTOS

Sou grato ao apoio do fã de Clodovil Hernandes, Danian Dare, que mantém com muito zelo um blog em homenagem ao seu ídolo. Em várias momentos ele colaborou com este livro. Também agradeço o apoio de amigos. Entre eles, Edson Lima, Regina Maria, Nisia Carvalho, Nelma Salomão, Edgard Candido, Adolfo Bueno e Juliana Parente. Também não poderia deixar de reconhecer e tirar o chapéu à paciência de minha família, minha mulher Paula e meus filhos Clara e Guilherme, que me aguentaram escrevendo este livro durante tantos fins de semanas e feriados.

Este livro foi composto na tipologia Minion Pro,
em corpo 12,5/17,3, impresso em papel off-white
no Sistema Cameron da Divisão Gráfica
da Distribuidora Record.